Gisela Bulla

Ratten

Fotos: Christine Steimer
Zeichnungen: György Jankovics

INHALT

TYPISCH RATTE

- Intelligent und anpassungsfähig.
- Verabscheut Lärm.
- Liebt die Dämmerung.
- Blanke Äuglein, pfiffiger Blick.
- Gutmütig und zutraulich.
- Versessen aufs Fressen.
- Braucht Holz zum Nagen.
- Gesellig und friedlich.
- Nesthocker.
- Sehr vermehrungsfreudig.
- Verschiedene Fellfarben.

Ratten sind klug, anpassungsfähig und haben ein hoch entwickeltes Sozialbewußtsein. Diese Eigenschaften reizen immer mehr Menschen, Ratten als Heimtiere zu halten. Und die Rattenfreunde werden nicht enttäuscht. Zu »ihrem« Menschen entwickeln Ratten oft ein geradezu zärtliches Verhältnis. Sie lernen es gar, auf Zuruf herbeizukommen, wenn »ihr« Mensch ruft. Eine zahme Ratte kann man sogar – im Jackenärmel oder in der Jackentasche – mit auf einen Spaziergang nehmen. Selbst diese günstige Gelegenheit verleitet sie nicht zur Flucht. Aber Vorsicht: Ausnahmen bestätigen die Regel. Ihre gesamte Palette interessanter Verhaltensweisen zeigen Ratten aber vor allem dann, wenn sie mit Artgenossen zusammen gehalten werden.

ENTSCHEIDUNGSHILFEN

1 Ratten sind nicht jedermanns Sache. Sind alle Familienmitglieder mit dem neuen Hausgenossen einverstanden?

2 Ist niemand im Haushalt allergisch gegen Tierhaare? (→ Wichtige Hinweise, Seite 63).

3 Ratten mögen Körperkontakt. Sie leben auch gern auf ihrem Menschen. Sind Sie dazu bereit, das Tier oft auf den Schoß zu nehmen, im Pullover, Ärmel oder auf der Schulter herumzutragen?

4 Ratten erkranken häufig an Atemwegsinfektionen oder auch an Krebs. Können und wollen Sie das kranke Tier pflegen und vom Tierarzt behandeln lassen, was natürlich Kosten verursacht?

5 Die tägliche Pflege - füttern, spielen und Säuberung des Käfigs - kostet Zeit, die Sie vielleicht nicht übrig haben.

6 Lebende Tiere sind kein Spielzeug. Die dämmerungsaktive Ratte möchte auch am Tag viel schlafen und dabei nicht gestört werden.

7 Manche Ratten nagen an allem, was sie erreichen können. Dadurch entstehen beim täglichen Auslauf, der unbedingt erforderlich ist, schon mal Schäden.

8 Mit anderen Heimtieren kann es Probleme geben (→ Seite 21).

9 Der Käfig muß geräumig und luftig sein und Versteckmöglichkeiten bieten. Er braucht unbedingt einen festen Platz in der Wohnung.

10 Klären Sie, wer im Urlaub oder wenn Sie einmal krank werden, Ihre Ratte versorgt.

Zwei Ratten sind besser als eine

Ratten sind Rudeltiere und brauchen die Gesellschaft von Artgenossen. Deshalb ist von der Einzelhaltung abzuraten, selbst wenn Sie vorhaben, sich intensiv um ein Einzeltier zu kümmern. Der Mensch kann einem Tier niemals den Artgenossen ersetzen.

Sehr empfehlenswert ist es, zwei und mehr Ratten zu halten. Wer sich ein Pärchen zulegt, muß jedoch damit rechnen, in kürzester Zeit Dutzende von Ratten in der Wohnung zu haben. Ratten sind sehr vermehrungsfreudig.

Jungtiere des gleichen Geschlechts vertragen sich oft ihr Leben lang ausgezeichnet. Eigentlich ist die Geschlechtsbestimmung bei Jungtieren einfach. Mit 6 Wochen erkennt man bei den Männchen deutlich die Hoden, Weibchen haben 12 erkennbare Zitzen. Doch der Zoofachhändler kann sich irren. Da Tiere beim Kauf normalerweise vom Umtausch ausgeschlossen sind, sollten Sie auf jeden Fall schriftlich ein Umtauschrecht vereinbaren, bis einwandfrei geklärt ist, welches Geschlecht die Ratten haben.

Hinweis: Ratterich und Weibchen werden gleichermaßen lieb und zutraulich. Weibchen sind meist zierlicher, lebhafter und nagefreudiger. Männchen werden meist größer und schwerer. Sie markieren ihr Revier stärker.

ANSCHAFFUNG UND EINGEWÖHNUNG

Es spricht für die Intelligenz der Ratte, daß sie nach jahrtausendelanger Verfolgung durch den Menschen auch Vertrauen zu ihrem Feind von gestern fassen und bei artgerechter liebevoller Haltung sogar zum zärtlichen Schmusetier werden kann.

Ratten finden Freunde

Weltweit galten Ratten als Ekeltiere und Überträger von gefährlichen Krankheiten. Deshalb wurden und werden sie als Schädlinge bekämpft, vorwiegend mit Gift.

Wer sich jedoch näher mit Ratten beschäftigt, wird feststellen, daß sie nicht nur sehr intelligente und anpassungsfähige Lebewesen sind, sondern auch ausgesprochen liebenswerte Heim- und Streicheltiere.

Eine Ratte, die als Heimtier gehalten und liebevoll behandelt wird, bringt »ihren« Menschen schnell Vertrauen entgegen und zeigt dabei überraschende Verhaltensweisen.

Über Haus- und Wanderratten

Die Vorfahren aller Ratten, die heute als Heimtiere gehalten werden, sind Wanderratten. Sie kamen vor rund 200 Jahren von China nach Europa. Auch die Hausratte stammt aus Asien, sie wanderte jedoch vermutlich bereits in vorgeschichtlicher Zeit ein.

Baumstämme sind ein Stück Natur für die Ratte. Man kann herrlich darauf herumklettern und die Zähne daran abschleifen.

Ursprünglich waren Ratten nur in Asien, Europa und Australien verbreitet. Nach Amerika gelangten sie als »blinde Passagiere« auf Schiffen, versteckt zwischen Frachtgütern. Auf diese Weise ist es ihnen inzwischen gelungen, die ganze Welt zu bevölkern.

Haus- und Wanderratten unterscheiden sich äußerlich voneinander, und bewohnen auch verschiedene Lebensräume.

Die Hausratte hat einen schlanken Körperbau, große, dünne, fast nackte Ohren und große Augen. Ihre Körperlänge beträgt etwa 16 bis 24 cm, die Schwanzlänge 18 bis 25 cm.

Einst lebte die Hausratte auf Bäumen, eroberte sich jedoch im Gefolge des Menschen Dachböden von Häusern und Heuböden in Scheunen als Lebensraum.

In Deutschland ist die Hausratte fast ausgerottet und steht sogar unter Artenschutz.

Die Wanderratte hat einen robusten Körperbau, kleine, runde, behaartere Ohren als die Hausratte und kleinere Augen. Ihre Körperlänge beträgt 21 bis 28 cm, die Schwanzlänge 17 bis 23 cm. Wanderratten leben bodennah.

Im Gefolge des Menschen bewohnen sie Keller und Untergeschosse von Häusern und halten sich häufig in der Kanalisation auf.

Ratten sind große Mäuse

Sowohl die in Deutschland weitgehend ausgerottete Hausratte (*Rattus rattus*) als auch die Wanderratte (*Rattus norvegicus*) gehören zur Familie der echten Mäuse (*Muridae*), einer Unterfamilie der Mäuse insgesamt (*Murinae*). Von ihren kleineren Geschwistern, den Mäusen, unterscheiden sich Ratten vor allem durch ihre Körpergröße, ihre Intelligenz und die im Verhältnis zur Körpergröße kleineren Ohren. Obwohl die Ratten zur gleichen Familie gehören, können sie Mäuse nicht ausstehen. Ratten jagen Mäuse gnadenlos und töten sie häufig.

Der Schwarze Tod

Vier Jahrhunderte lang, von 1340 bis 1740, beherrschte der »Schwarze Tod«, die Beulenpest, Europa. Mindestens 25 Millionen Menschen, rund ein Drittel der damaligen Bevölkerung, fielen ihr zum Opfer. Diese furchtbare Seuche lastete man allein der Hausratte an. Heute weiß man, daß nicht weniger als 250 verschiedene Tierarten, meist Nager, diese Krankheit auf den Menschen übertragen können. Manche Tierarten infizieren den Menschen direkt, die Ratte kann die Beulenpest jedoch nur durch den Rattenfloh übertragen, der mit dem Pesterreger *Yersinia pestis* infiziert sein muß.
Außerdem ist die Beulenpest natürlich direkt von Mensch zu Mensch übertragbar.
Da der Rattenfloh nur in warmen Klimazonen gedeiht und bei uns allenfalls in wirklich heißen Sommermonaten eine Überlebenschance hat, ist es fraglich, ob die Pest tatsächlich von der Hausratte nach Europa eingeschleppt wurde. Wahrscheinlich wurde sie von bereits an der Pest erkrankten Schiffspassagieren mitgebracht.

Wo Sie Ratten bekommen

Seit die Ratten Karriere als Heimtiere gemacht haben, werden sie in vielen Zoofachhandlungen zum Verkauf angeboten. Auch eine Nachfrage im Tierheim lohnt sich, denn hier »landen« häufig Tiere, die ihren Besitzern lästig geworden

Um an den Leckerbissen zu kommen, stellen sich Ratten auch auf die Hinterbeine.

sind. Die örtlichen Tierschutzvereine kennen oft Adressen von Rattenfreunden, die weiterhelfen können. Das gleiche trifft für Tierärzte zu, die Ratten behandeln. In manchen Städten haben sich bereits »Rattenstammtische« zusammengefunden. Dort können Sie mit Gleichgesinnten Erfahrungen austauschen und auch hören, wer Ratten abgeben möchte.

Augen auf beim Kauf

Der Gesundheitszustand einer Ratte ist auch von einem Laien relativ leicht einzuschätzen.
Die Augen des Tieres sollten klar und auf keinen Fall verklebt oder entzündet sein.
Der After sollte nicht kotverschmiert sein. Ratten putzen sich sehr sorgfältig. Nur kranke Tiere vernachlässigen die Körperpflege.
Das Fell sollte glatt sein, schön anliegen und keine kahlen, verkrusteten oder verklebten Stellen aufweisen.
Am Verhalten läßt sich einiges ablesen. Eine gesunde Ratte kommt meist neugierig an die Gitterstäbe, wenn sie »besichtigt« wird. Kranke Tiere verhalten sich häufig desinteressiert und apathisch. Jungtiere sind zutraulich, wenn sie keine schlechten Erfahrungen mit Menschen gemacht haben.

Ratten sind von Natur aus sehr neugierig.

Fellfarben

Freilebende Wanderratten sind wildfarben, in der Fachsprache auch »agouti« genannt, in Schattierungen von Graubraun bis Rötlichbraun. Albinos, die bevorzugten Laborratten, haben ein weißes Fell und rote Augen. Es gibt aber auch weiße Ratten mit dunklen Augen. Schwarze Tiere sind relativ selten, weißgescheckte mit Schwarz oder Braun dagegen wesentlich häufiger. Ist nur das Köpfchen dunkel, so spricht man von Haubenratten. Von der Fellfarbe abhängige Unterschiede im Verhalten sind nicht bekannt.
Hinweis: In England und seit kurzem auch in Deutschland hat man angefangen, Liebhaberratten zu züchten. Es gibt inzwischen beigefarbene Ratten, solche mit gekräuseltem Fell oder sogar mit Husky-Zeichnung. Selbst Rassestandards, in denen genau festgelegt wird, wie ein Tier aussehen muß, werden vermutlich nicht lange auf sich warten lassen.
Meiner Meinung nach ist die Zucht von Ratten auf Schönheit Unfug, zumal es mehr als genug Ratten gibt. Die von Hobbyzüchtern angestrebte längere Lebenserwartung der Tiere dagegen ist möglicherweise gar nicht zu realisieren. In älteren Büchern wird behauptet, daß die normale Lebenserwartung einer Ratte zwischen 6 bis 7 Jahren läge, doch dies bezweifelt man inzwischen. Dagegen spricht vor allem, daß die Weibchen meist schon mit 1 $^1/_2$ Jahren in die Menopause kommen, also nicht mehr fruchtbar sind. Verglichen mit anderen Säugetieren hätte es dann bereits über die Hälfte seiner Lebenszeit hinter sich.

IM PORTRÄT: RATTEN

Durch Züchtung wurde die ursprünglich graubraune bis rötliche Wildfarbe der Ratte verändert. So kann man heute im Zoofachhandel Ratten in verschiedenen Farbschlägen erhalten.

Ein schwergewichtiger Vertreter der gescheckten Ratten in Schwarz und Weiß.

Foto rechts: Agouti-weiß gescheckte Ratte.

Foto unten: Die Husky-Ratte erinnert in Farbe und Zeichnung an die gleichnamige Hunderasse.

Diese wildfarbene Ratte (agouti) repräsentiert den Urtyp der euroasiatischen Wanderratte.

Foto links: Mutter und Kind. Wildfarbene Ratte und Haubenratte in Schwarz und Weiß.

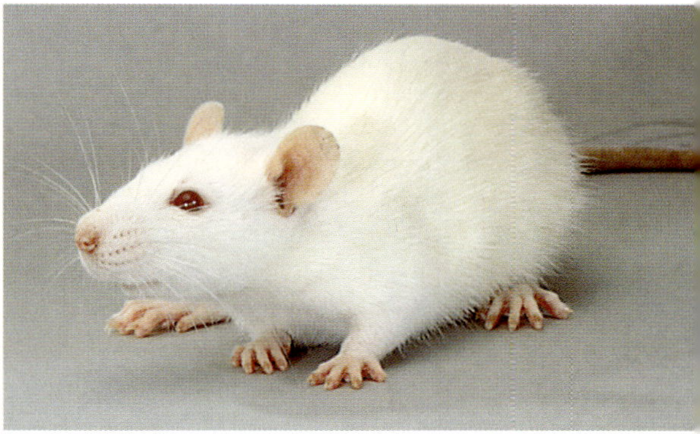

Foto oben rechts: Albinoratte mit weißem Fell und roten Äuglein.

Foto oben: Hübsch sehen die einfarbig braunen Ratten aus.

Foto rechts: Haubenratte in den Farben Creme und Weiß.

TIP

Rechtsfragen zur Tierhaltung

Mietrecht: Kleintiere dürfen in der Regel auch ohne ausdrückliche Genehmigung des Vermieters gehalten werden, sofern nicht etwas anderes im Mietvertrag steht. Für Ratten gilt das leider nicht unbedingt. Nach einem Urteil des Landgerichtes Essen vom 21.12.1990 darf ein Vermieter die Genehmigung zur Tierhaltung verweigern, wenn es sich um eine Ratte handelt. Das Tier muß auf Verlangen entfernt werden.
Eigentumswohnung: Die Haltung von bestimmten Haustieren kann nur durch einstimmigen Beschluß aller Wohnungseigentümer untersagt werden.
Tierhalterhaftung: Für alle Schäden, die seine Tiere anrichten, ist der Tierhalter haftbar. Deshalb ist es ratsam, die Ratten im Käfig zu lassen, wenn Besuch kommt.
Kaufvertragsrecht: Tiere sind in der Regel vom Umtausch ausgeschlossen. Lassen Sie sich deshalb einen schriftlichen Vertrag geben, in dem festgehalten wird, daß Sie ein Umtauschrecht haben, falls man Ihnen ein Pärchen statt zwei gleichgeschlechtlicher Tiere verkauft hat oder ein krankes Tier. Beide Sachverhalte lassen sich am besten durch den sofortigen Gang zum Tierarzt klären.

Das richtige Alter beim Kauf

Junge Ratten sollten mindestens vier, besser sechs Wochen alt sein. Jüngere Tiere haben zuwenig Nestwärme und Muttermilch mitbekommen, was zu seelischen Schäden und gesundheitlichen Störungen führen kann.
Rattenmütter sind sehr besorgt um ihre Jungen und betreuen sie liebevoll. Diese Fürsorge sollte man den Kleinen am besten 6 Wochen lang gönnen. Erwachsene und halbwüchsige Ratten kann man in jedem Lebensalter aufnehmen.

Ein Rattenheim zum Wohlfühlen

Im Zoofachhandel werden seit kurzer Zeit empfehlenswerte Rattenkäfige angeboten.
Gut geeignet sind auch große Streifenhörnchen- oder Vogelkäfige. Sie dürfen aber auf keinen Fall aus Holz sein, sonst nagt die Ratte sich in Windeseile einen eigenen Ausgang. Ein Käfig für zwei Ratten sollte mindestens 80 cm lang, 45 cm breit und 70 cm hoch sein und mindestens zwei Etagen enthalten. Gitterabstand 1 bis 1,5 cm.
Leider sind diese Käfige für Ratten meist zu hell und luftig. Eine Ratte will sich verkriechen können und liebt vor allem zum Schlafen die Dunkelheit. Deshalb sollte man genügend Versteckmöglichkeiten einbauen und Erlebnisbereiche schaffen (→ Seite 15). Für die ungestörte Nachtruhe

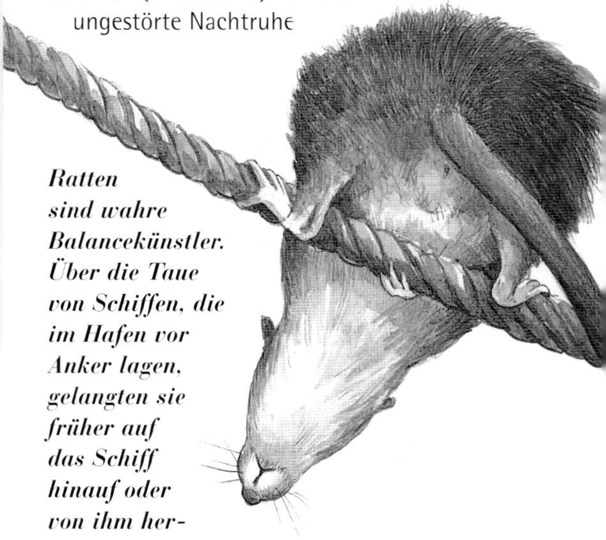

Ratten sind wahre Balancekünstler. Über die Taue von Schiffen, die im Hafen vor Anker lagen, gelangten sie früher auf das Schiff hinauf oder von ihm herunter.

bietet sich auch folgende Konstruktion an: Den Käfig an den Seiten und auf dem Dach mit beschichteten Spanplatten verkleiden. Auch die Vorderseite des Käfigs sollte nur etwa zur Hälfte unverkleidet bleiben. Am besten vernageln Sie die Spanplattenkonstruktion an den Nahtstellen so, daß eine Art Haube entsteht, die Sie nachts über den Käfig stülpen und tagsüber wieder entfernen können (→ Zeichung, Seite 18).
Hinweis: Ideale Behausungen für Ratten sind spezielle Käfige für Beos, die man im Zoofachhandel bekommt. Sie sind 74 x 76 x 75 cm groß und an den Seiten und der Rückwand bereits mit Spanplatten verkleidet. Auch spezielle Chinchillakäfige sind empfehlenswert. Allerdings müssen alle Holzteile durch Spanplatten ersetzt werden.

Die »Innenarchitektur« des Rattenheims

Optimal ist ein Käfig, der in mehrere Wohnbereiche unterteilt ist.
In der Natur leben Wanderratten in unterirdischen Bauten mit vielen Gängen und Räumen in unterschiedlichen Höhenlagen. Diese »Zimmer« werden zu verschiedenen Zwecken benutzt. Da gibt es Schlaf-, Spiel- und Wohnräume, eine Wochenstube, eine Vorratskammer und eine Toilette.
Im Käfig sollten die Ratten wenigstens einen geräumigen Wohn- und Spielraum vorfinden, ein Schlafzimmer mit Schlafhäuschen und eine Toilettenkammer. Eine Wochenstube ist nicht erforderlich, denn Sie wollen ja nicht züchten, und die Vorratskammer entfällt, da die Tiere täglich frische Nahrung von Ihnen erhalten.
Der Käfig sollte in zwei oder drei Etagen unterteilt werden, am besten mit Spanplatten. Die Ratten gelangen über fest montierte Leitern oder Schrägen und Röhren aus Keramik, Kunststoff oder Pappe von einem Stockwerk ins andere. Zusätzliche Zugänge erhalten sie durch Löcher in mindestens der Größe eines Fünfmarkstücks, die in die »Fußböden« gesägt werden. Der gesamte Käfig sollte innen so verwinkelt sein wie nur möglich. Das erreichen Sie, indem Sie Zwischenwände aus Spanplatten einziehen, in die jeweils eine Türöffnung gesägt wurde. Nur der Wohn- und Spielraum sollte geräumig bleiben.

Aquarium und Terrarium

Beide sind für die Unterbringung von Ratten nur bedingt geeignet. Die glatten Wände bieten den Tieren keine Klettermöglichkeit, bei einer Höhe über 35 cm läßt die Luftzufuhr zu wünschen übrig. Deshalb sind bei der Innenausstattung Leitern, Wippen und Durchgänge besonders wichtig, die sich aber schlecht anbringen lassen.
Hinweis: Eine »pfiffige« Unterkunft für Ratten läßt sich aus Aquarium und z.B großem Hamsterkäfig mit mehreren Etagen und Häuschen gestalten. Das Aquarium wird mit Sand gefüllt (→ Seite 48) und dient als Unterbau für den Hamsterkäfig (ohne Bodenschale).

In dieser »Höhle« aus Baumrinde fühlen sich die dämmerungsliebenden Ratten wohl.

Wohin mit dem Rattenkäfig?

Der Käfig muß einen festen Platz in der Wohnung bekommen, er darf auf keinen Fall ständig hin und her gerückt werden. Der beste Platz ist eine ruhige, vor Sonnenlicht, Kälte und Zugluft geschützte Zimmerecke.
Ratten reagieren sehr empfindlich auf Zugluft, niedrige Temperaturen und Hitzestau.

Die Käfigausstattung

Einstreu: Kleintierstreu (aus dem Zoofachgeschäft) ist eine bewährte Käfigeinstreu für Ratten. Stroh, Heu und Strohgranulat sind nur dann geeignet, wenn es garantiert nicht chemisch behandelt (gespritzt) wurde. Aber auch auf naturbelassenes Stroh, Heu oder Kleintierstreu können Ratten allergisch reagieren. Sie kratzen sich dann häufig, und im Fell bilden sich blutige und/oder verkrustete Stellen (→ auch Parasiten, Seite 58).
Hinweis: Eine dicke Schicht Zeitungs- oder Packpapier gehört unter jede Einstreu auf den Käfigboden. Die Ratten reißen das Papier klein, und so entsteht eine saugfähige zweite Schicht neben der Einstreu, die den Uringeruch abmildert. Da die Druckerschwärze heute bleifrei ist, besteht keine Vergiftungsgefahr für die Tiere.
Bei Zeitungspapier kann allerdings die vom Urin

aufgeweichte Druckerschwärze Flecken auf dem Rattenfell hinterlassen. Das ist zwar harmlos, sieht aber nicht hübsch aus. Wenn Sie das vermeiden möchten, verwenden Sie besser nur Pack- oder Küchenpapier.
Schlafhäuschen: Das Schlafhäuschen muß so groß sein, daß zwei erwachsene Ratten Platz darin finden. Diese Voraussetzung erfüllen am besten Meerschweinchen- oder Kaninchenhäuschen, wie sie im Zoofachhandel angeboten werden. Als Material sind Keramik oder Plastik geeignet (→ Zeichnung, Seite 19). Der beste Platz für das Häuschen befindet sich in einem ruhigen Winkel in der oberen Etage des Käfigs. Bieten Sie den Tieren mindestens 2 Häuschen.
Hinweis: Küchenpapier, Stoffreste oder Heu (→ Einstreu, Seite 16) sind das beste Polstermaterial für das Schlafhäuschen. Papier wird in kleine Fetzen gerissen. Diese Verhaltensweise entspricht dem angeborenen Nestbautrieb.
Futternäpfe und Trinkgefäß: Am besten kaufen Sie gleich zwei Futternäpfe, einen für Körnerfutter, den anderen für frisches Grünfutter und Obst (→ Seite 30). Die Näpfe sollten einen Durchmesser von etwa 17 cm haben, aus glasiertem Steingut bestehen und kippsicher sein. Für das Trinkwasser eignet sich eine Nippeltränke, wie sie für Kaninchen oder Meerschweinchen angeboten wird. Die Flasche wird von außen an das Gitter gehängt. Achten Sie darauf, daß Flasche und Verschluß aus Plastik sind. Gummistopfen verfälschen den Geschmack des Trinkwassers. Über eine zusätzliche Wasserschale im oberen Stockwerk des Käfigs freuen die Ratten sich (Näpfe verwenden, die man am Käfiggitter befestigen kann).
Hinweis: Die Futter- und Wasserschalen sollten nicht in einer Ecke, sondern frei im Käfig stehen, sonst könnten sie von den Ratten mit der Toilette verwechselt werden. Futter und Wasser wären dann ständig verschmutzt.

Checkliste
Ausstattung

1 Käfig mit einer Fläche von mindestens 80 x 45 cm und 70 cm Höhe mit mehreren, möglichst großen Türen.

2 Schlafhäuschen aus Keramik oder Plastik.

3 Zwei Futternäpfe aus Steingut (17 cm Durchmesser), Nipppeltränke zum Einhängen am Käfiggitter.

4 Einstreu für den Käfigboden: eine 3 cm hohe Schicht Hamsterstreu. Als Unterlage Zeitungspapier, Pack- oder Küchenpapier.

5 Polstermaterial für das Schlafhäuschen: Küchenpapier, Heu, Stroh.

6 Zum Klettern: Leitern und Schrägen, Röhren aus Keramik, Kunststoff oder Pappe, Klettertaue, Äste.

7 Zum Spielen: Wippen aus Holz, Papierbällchen, Papprollen.

8 Zum Nagen: Steinhartes Brot, Nüsse mit Schale, Äste von Obstbäumen.

Transport

Für den sicheren Heimtransport empfehle ich Ihnen eine Transportbox aus Kunststoff oder einen Vogelkäfig. Hierin können Sie auch später die Ratten jederzeit z. B. zum Tierarzt transportieren. Zwei Ratten sollten ausgestreckt darin liegen können. Auf den Boden legen Sie eine alte Illustrierte, darüber etwas Einstreu oder Küchenpapier. Kartons mit Luftlöchern sind ebensowenig ausbruchsicher wie andere Notbehelfe.

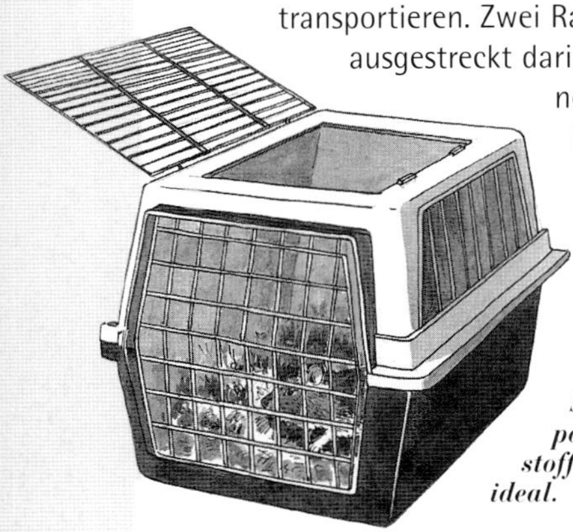

Solch eine Transportbox aus Kunststoff ist für Ratten ideal.

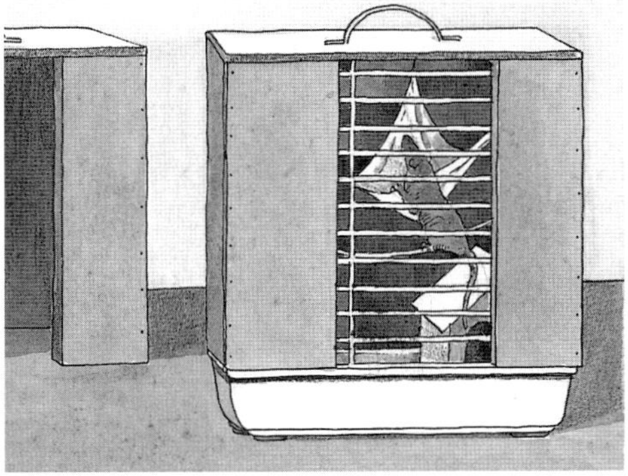

Eine Haubenkonstruktion aus Spanplatten, nachts über den Käfig gestülpt, schafft die nötige Dunkelheit, die Ratten lieben.

Letzte Vorbereitungen vor dem Einzug

Bevor die neuen Hausbewohner einziehen, sollte der Käfig samt Zubehör schon am endgültigen Standort bereit stehen (→ Wohin mit dem Rattenkäfig, Seite 16).
Arrangieren Sie außerdem ein oder zwei stärkere Baumäste zum Klettern, z. B. auf einer rutschfesten Matte im Wohnraum.
Lassen Sie sich vom Zoofachhändler eine kleine Menge des gewohnten Futters mitgeben. Das erleichtert den Übergang, obwohl die Ratten in der Regel bald das Futter vorziehen werden, daß Sie für sie zusammenstellen.

Ratten lieben Ruhe

Durch laute Musik, einen fröhlich bellenden Hund, lärmende Kinder, Türenschlagen, kurz, jede Art von Krach werden Ratten nervös und geraten rasch in Panik. Ratten sind von Natur aus ausgesprochen ruheliebende Geschöpfe. Gerade anfangs, wenn sich die Tiere noch nicht an Sie und ihre neue Umgebung gewöhnt haben, ist es wichtig, jeden Lärm zu vermeiden. Nur dann gewöhnen sich die Ratten schnell ein und fassen Zutrauen zu Ihnen.

Mit Ratten Freundschaft schließen

Zu Hause angekommen, sollte man sich erst einmal Zeit für die kleinen Ratten nehmen. Setzt man sie sofort in den Käfig, besteht die Gefahr, daß sie sich dort verkriechen und nicht so schnell wieder hervorzulocken sind. Das gilt besonders für scheue Tiere.
Das Wichtigste für Ratten ist Körperkontakt zu ihrer Bezugsperson. Man setzt sich auf einen frei im Zimmer stehenden Stuhl, die Ratten auf dem Schoß, und bildet mit beiden Händen über dem Schoß ein Dach. So entsteht eine Art Schlafhäuschen für Ratten, in das sie hineinkrie-

Ein Schlafhäuschen aus Plastik oder Keramik verschafft den Ratten ein Gefühl der Geborgenheit.

chen können. So nehmen sie Ihren Geruch auf (bitte anfangs auf Parfüm und Duftseife verzichten) und gewinnen Vertrauen zu Ihnen.
In dieser Phase sollten die Tiere nicht gestreichelt werden, man spricht aber leise und ruhig mit ihnen. Versucht eine Ratte zu flüchten, so setzt man sie ruhig wieder auf den Schoß zurück. Im Idealfall schlafen die Tiere dort ein. Das Telefon wird anfangs am besten in einen anderen Raum verbannt oder ausgehängt, die Türglocke abgeschaltet.
Wenn die Tiere unruhig werden, sollten Sie die Ratten in den Käfig setzen. Denken Sie daran, daß Wasserflasche und Futternapf gut gefüllt sind. Es sollte auch von Anfang an etwas zum Knabbern bereitliegen, z. B. eine saftige Gurke und etwas steinhartes Brot.
Weitere Familienmitglieder und Kinder muß man bitten, in den ersten Tagen, bevor die Ratten heimisch geworden sind, Zurückhaltung zu üben. Sie sollten die Neuankömmlinge zunächst nur durchs Gitter bewundern, ohne die Finger durch die Stäbe zu stecken. Andere Haustiere werden in den ersten Tagen ferngehalten.
Hinweis: Sind die Ratten auf ausdrücklichen Wunsch eines Kindes gekauft worden, sollte das Kind als erstes mit den Tieren Freundschaft schließen dürfen. Erklären Sie ihm vorher, wie es am besten vorgeht. Auf jeden Fall ist zu empfehlen, daß ein Erwachsener in respektvoller Entfernung die Szene beobachtet. Und das Kind muß natürlich wissen, daß es die Ratten niemals am Schwanz hochheben darf. Schwanzverletzungen jeder Art sind für die Ratte sehr schmerzhaft.
Am nächsten Tag kann man den Ratten bereits einen ersten Ausflug ins Zimmer gestatten. Wenn Sie die Ratte aus dem Käfig nehmen wollen, greifen Sie vorsichtig mit der Hand hinein, fassen unter den Bauch des Tieres, direkt hinter den Vorderbeinen, und legen den Daumen auf ihren Rücken. Sie können die Ratte dann auf Ihren Schoß setzen oder sie die nächste Umgebung erkunden lassen (→ Gefahren, Seite 23). Wichtig ist, daß Sie viel mit den Tieren sprechen. Lassen Sie die Käfigtür offen, damit die Ratten sich jederzeit zurückziehen können.

Die Hände, wie ein Dach über der Ratte gefaltet, vermitteln dem Tier Geborgenheit. Außerdem lernt es so, Ihren persönlichen Geruch zu erkennen.

DER RICHTIGE UMGANG IM ALLTAG

Ratten richtig zu halten ist im Grunde recht einfach. Wichtig ist vor allem, daß man sie artgerecht unterbringt, gesund ernährt, ihnen Abwechslung und Beschäftigung bietet und sich genügend Zeit für sie nimmt. Probleme treten nur dann auf, wenn die Tiere vernachlässigt oder launisch behandelt werden.

Kinder und Ratten

In der Regel eignen sich Ratten als Spielgefährten für Kinder unter 12 Jahren weniger, denn sie beißen schon mal zu, wenn sie ungeschickt angefaßt werden. Auf jeden Fall sollten Kinder im Umgang mit Ratten einige Grundregeln beachten.

✔ Man darf eine Ratte nie am Schwanz ziehen oder hochnehmen. Das Tierchen gerät in Panik, und der empfindliche Schwanz trägt leicht Verletzungen davon, was für die Ratte mit großen Schmerzen verbunden ist. Die Behandlung durch den Tierarzt ist unumgänglich.

✔ Man darf die Ratte nicht stören, wenn sie schläft, auch nicht, um sie zu füttern oder mit ihr zu spielen.

✔ Man sollte die Ratte nicht zwischen den Fütterungen mit Leckerbissen vollstopfen. Die Ratte findet das zwar toll, aber sie wird schnell dick, und das schadet ihrer Gesundheit.

✔ Wenn die Ratte Auslauf hat, muß man sich vorsichtig bewegen, um sie nicht zu verletzen.

Ratten sind sehr reinliche Tiere. Mehrmals am Tag wird das Fell mit Hilfe der Zunge penibel sauber geleckt.

Türen und Fenster müssen geschlossen sein, Schubladen ebenso (→ Gefahren, Seite 23).

✔ Die besten Spielzeiten liegen für die Ratte in den Abendstunden und am Morgen.

Ratten und andere Heimtiere

Hund: Am besten kann man einen Hund an eine Ratte gewöhnen, mit Ausnahme von Jagdhunden, die »rattenscharf« sind, z.B. Dackel und Yorkshire Terrier. Ein Hund wird in der Rege schnell begreifen, daß die Ratte zur Familie gehört und tabu ist. Zunächst sollte er den Neuankömmling nur durch die Gitter des Rattenkäfigs beschnuppern. Erklären Sie ihm dabei ruhig, daß die Ratte dableiben wird. Auch wenn Sie die Ratte auf dem Schoß halten, darf er sie ausgiebig beriechen. Bleibt er dabei brav, bekommt er eine Belohnung. Beide streicheln und loben. In den ersten Wochen sollten Sie die Tiere nur unter Aufsicht zusammen lassen. Neben dem verriegelten Käfig darf der Hund aber auch unbeaufsichtigt liegen, sooft er will.

Katze: Einer erwachsenen Katze beizubringen, daß die Ratte kein Beutetier für sie ist, ist ein Kunststück. In seltenen Fällen gelingt es zwar, ist aber nicht unbedingt zur Nachahmung zu empfehlen. Etwas anderes ist es, wenn man einer jungen Katze von etwa acht Wochen eine erwachsene Ratte als Gefährten gibt. Da der Spieltrieb des Kätzchens sehr ausgeprägt ist, wird es wahrscheinlich die Ratte als Spielgefährten akzeptieren. Sicher ist das aber nicht. Wenn die beiden sich angefreundet haben, können Sie sie miteinander herumtollen lassen. Wenn es der Ratte zuviel wird, zieht sie sich in ihren Käfig zurück. Käfigtür beim Auslauf immer geöffnet lassen! Gibt das Kätzchen keine Ruhe, sondern kratzt am Käfig, so setzen Sie es für kurze Zeit in einen anderen Raum. Auch hier gilt, daß in den ersten Wochen Aufsicht erforderlich ist, wenn Katze und Ratte miteinander spielen.

Mäuse: Bitte halten Sie niemals Mäuse und Ratten zusammen, allenfalls in verschiedenen Käfigen. Ratten jagen ihre kleineren »Geschwister« gnadenlos und töten sie mitunter.

Hamster: Der einzelgängerische Hamster lehnt sogar seine eigenen Artgenossen ab. Noch viel weniger ist er bereit, Ratten zu akzeptieren.

Kaninchen: Die sehr aktiven Kaninchen machen Jagd auf die Ratten.

Meerschweinchen: Ratten und Meerschweinchen kommen mitunter gut zusammen aus. Es hängt vom Temperament des einzelnen Tieres ab, ob gemeinsamer Freilauf möglich ist.

Vögel: Für Ratten sind Vögel Beutetiere. Selbst wenn der Vogelkäfig so angebracht ist, daß die Ratte ihn nicht erreichen kann, sie wird es immer wieder versuchen, und der Vogel lebt in ständigem Streß.

Fische: Ein Aquarium sollte immer gut abgedeckt sein, denn die Wanderratte ist ein besonders trickreicher Fischer.

Ratten aneinander gewöhnen

Wenn Sie einer einzeln gehaltenen, erwachsenen Ratte einen Gefährten geben möchten, kommt am besten ein gleichgeschlechtliches Jungtier in Frage. Besser ist es, gleich 2 Jungtiere zu integrieren, da die ältere Ratte in der Regel früher stirbt.

✔ Setzen Sie das »neue« Tier nicht sofort zu dem anderen in den Käfig.

✔ Beide Ratten müssen erst einmal Gelegenheit haben, sich kennenzulernen und den gegenseitigen Geruch aufzunehmen.

✔ Stellen Sie zunächst für einige Tage einen kleineren Käfig mit dem Jungtier in die Nähe des großen mit der »alteingesessenen« Ratte. So können sich die beiden sehen und auch aus einer gewissen Entfernung beschnuppern.

✔ Nehmen Sie selbst die kleine Ratte häufig auf Ihren Schoß und streicheln Sie das Tier, so daß es Ihren Geruch kennenlernt und annimmt.

✔ Gewähren Sie dann beiden Ratten gemeinsamen Auslauf auf neutralem Gebiet, das beiden fremd ist. Übernehmen Sie die Aufsicht.

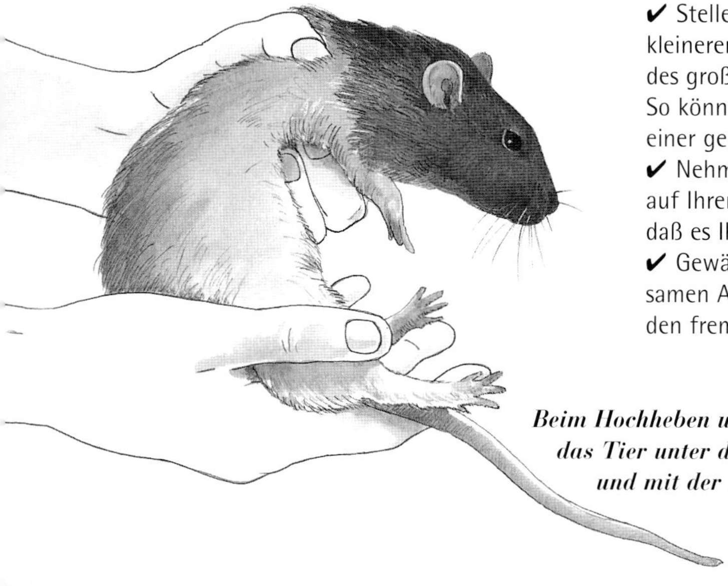

Beim Hochheben und Tragen einer erwachsenen Ratte das Tier unter der Brust und am Rücken festhalten und mit der anderen Hand sein Hinterteil stützen.

Gefahren für die Ratte beseitigen

Gefahr	Gefahrenquelle	Vermeiden von Gefahr
Entkommen	Tür, Fenster	Türen und Fenster schließen, wenn die Ratten Auslauf haben.
Einklemmen	Tür, auch Schranktür, Schubladen	Möglichst geschlossen halten.
Stromschlag	Elektrokabel, Steckdosen	Leitungen unter Putz verlegen, Stecker ziehen, Steckdosen mit Sicherheitsdeckel schließen, keine freiliegenden Kabel.
Hitzschlag	Sonne, Heizung	Käfig weder in die pralle Sonne noch neben die Heizung stellen.
Kälteschock	Temperaturen unter 8 Grad	Ratten sind sehr kälteempfindlich. Im Winter die Heizung nicht ganz abstellen.
Verbrennungen	Kerzen, brennende Zigaretten, Kamin, Herd und Toaster	Kerzen löschen, brennende Zigarette nicht ablegen, Kamin nicht anzünden, Herd und Toaster abschalten oder die Küchentür schließen.
Vergiftungen	Giftige Pflanzen und Putzmittel, Alkohol, Zigaretten und -kippen, Medikamente	Giftige Pflanzen entfernen, Alkohol und Zigaretten wegschließen, Kippen nicht im Aschenbecher liegenlassen, Käfig mit heißem Wasser und Essig reinigen.
Quetschungen	Versehentliche Fußtritte oder ähnliches	Bewegen Sie sich vorsichtig, wenn die Ratten Auslauf haben. Setzen Sie sich nicht aus Unachtsamkeit auf ein Tier.
Innere Verletzungen	Kleine spitze Gegenstände	Räumen Sie Nadeln, Reißzwecken, Nägel usw. fort, damit sie nicht von den Tieren verschluckt werden können.

✔ Haben sich die beiden Ratten angefreundet, sollten Sie den Versuch machen, die Tiere zusammen in den großen Käfig zu setzen.
✔ Beobachten Sie, ob sich die Tiere friedlich verhalten.
✔ Kommt es zu ernsthaften Streitereien, müssen die Ratten getrennt werden.

In der Natur sind Ratten untereinander sehr verträglich, wenn sie zur gleichen Großfamilie gehören. Fremdlinge aus einem anderen Bau mit einem anderen Geruch werden vertrieben. Steht ihnen kein Fluchtweg offen – wie im geschlossenen Käfig –, so wird der Eindringling nach längerer Warnung getötet. Er kann seine Haut retten, wenn er sich auf den Rücken wirft und den »Demutsschrei« ausstößt, in für unsere Ohren nicht wahrnehmbaren Ultraschallauten zwischen 20 und 25 kHz. Damit signalisiert er Unterwerfung, was von erfahrenen Ratten immer akzeptiert wird. Aber dieses Verhalten müssen die Tiere lernen, angeboren ist es nicht (→ Seite 50). Ratten aus der Zucht für Laboratorien, die isoliert gehalten werden, kennen es nicht.

Hinweis: Wenn Sie eine alte Ratte haben, die keine lange Lebenserwartung mehr besitzt, empfehle ich, auf Experimente zu verzichten. Sie wird wenig Lust verspüren, sich mit einem quicklebendigen Jungtier abzugeben.

Früh übt sich, was ein Meister im Klettern und Balancieren werden will.

Auslauf in der Wohnung

Für den Auslauf der dämmerungsaktiven Ratten eignen sich am besten die Morgen- und Abendstunden. Als goldene Regel gilt: Je mehr Auslauf Ihre Ratte hat, desto besser für das Tier. Das Mindestmaß ist eine Stunde pro Tag. Wenn die Tiere sich gut eingelebt haben und alles abgesichert ist, können Sie sie auch den ganzen Tag frei herumlaufen lassen. Wenn sie in einer Zimmerecke Kot und Urin absetzen, stellen Sie dorthin eine flache Schale mit Katzenstreu. Nachts ist es besser, die Tiere in ihren Käfig zu sperren, damit sie nicht anfangen, Polstermöbel aufzuarbeiten oder Tischbeine anzunagen.

Die Beaufsichtigung während des Auslaufs, besonders in den ersten drei bis vier Wochen, ist aus mehreren Gründen erforderlich:

1. Das Tier kann sich verletzen oder durch Unachtsamkeit des Menschen verletzt werden.

2. Ratten können beträchtliche Schäden an Möbeln, Polstern oder Kissen verursachen, denn sie müssen ständig ihre Nagezähne abschleifen. Wenn sie es versuchen, nimmt man sie ruhig fort und gibt ihnen etwas, woran sie nagen dürfen. Das kann ein Stück hartes, schimmelfreies Brot oder Holz sein.

Es kommt nur darauf an, oben zu bleiben. Die Haltung spielt jetzt noch keine Rolle.

3. Polstermöbel und Kissen reizen die Ratten zum Nestbau. Wenn sie anfangen, die Polstergarnitur zu bearbeiten, setzt man sie ruhig auf den Boden oder den Tisch und gibt ihnen etwas zusammengeknülltes Papier, in dem ein kleiner Leckerbissen versteckt wurde. Auch mit einem alten Kleidungsstück oder einem ausgedienten Handtuch sind die Ratten zufrieden. Reine Baumwoll- oder Leinenstoffe sind dabei vorzuziehen, weil es den Ratten nichts schadet, wenn sie Teile davon verschlucken.

4. Ratten können natürlich auch springen, aber lieber klettern sie. Deshalb ist die Gefahr, daß sie auf einen frei stehenden Tisch oder die Fensterbank springen, relativ gering, während sie mühelos auf die Schrankwand klettern können. Es gibt aber auch ausgesprochene »Kunstspringer«. Türen, Schranktüren und Schubladen sollten während des Auslaufs grundsätzlich geschlossen bleiben, um Unfälle zu vermeiden

5. Bleiben Sie am besten während des Auslaufs Ihrer Ratten sitzen, das Telefon in greifbarer Nähe, damit Sie nicht plötzlich aufspringen müssen, wenn es läutet. Stellen Sie das Telefon leise, damit die Ratten nicht erschrecken. Kindern ist zu raten, die Schuhe auszuziehen und beim Herumlaufen darauf zu achten, daß sie nicht auf die Ratte drauftreten.

Hinweis: Schimpfen Sie niemals mit Ihren Ratten, wenn sie während des Auslaufs irgendeinen Schaden anrichtet haben. Die Ratten verstehen nicht, was plötzlich los ist. Von ihrem

10 Goldene Regeln
des richtigen Umgangs

1 Richtig glücklich sind Ratten nur in Gesellschaft von Artgenossen. Deshalb halten Sie am besten von vornherein zwei gleichgeschlechtliche Tiere.

2 Sprechen Sie vom ersten Tag an viel mit den Tieren. Nehmen Sie sie oft auf den Schoß oder unter den Pullover. Ratten brauchen Körperkontakt.

3 Heben Sie eine Ratte nie am Schwanz hoch. Fassen Sie mit zwei Fingern unter die Brust und legen Sie den Daumen auf den Rücken. Größere Tiere werden zusätzlich mit der anderen Hand unter dem Hinterteil abgestützt (→ Seite 22).

4 Kinder drücken Ratten, wenn sie sie herumtragen wollen, mit beiden Händen sanft an ihre Brust oder setzen sie auf die Schulter.

5 Ratten sind sehr bewegungsfreudig und wißbegierig. Setzen Sie ihnen keine zu engen Grenzen beim Auslauf – selbstverständlich nur in einer rattensicher gemachten Umgebung.

6 Viele Ratten werden nie stubenrein, weder im Käfig noch beim Herumtollen in der Wohnung. Nehmen Sie das unvermeidliche kleine Mißgeschick nicht tragisch.

7 Schreien und Schelten versetzt die sensiblen, sehr geräuschempfindlichen Tiere nur in Panik. Vermeiden Sie jeden unnötigen Lärm.

8 Sorgen Sie dafür, daß die Tiere auch im Käfig viel Abwechslung haben und sich ausgiebig beschäftigen können.

9 Ratten sind Häppchenesser. Sie verteilen die Mahlzeiten über alle 24 Stunden des Tages. Reste vom Grünfutter werden oft im Schlafhäuschen versteckt und vergammeln dort. Bitte regelmäßig kontrollieren.

10 Sorgen Sie für regelmäßigen Auslauf im Zimmer. Gefahrenquellen vorher beseitigen (→ Seite 23).

Standpunkt aus haben sie doch gar nichts Unrechtes getan. Ratten lassen sich nur mit viel Verständnis, Toleranz und Liebe erziehen.

Wie man Ratten »einfängt«

Möglicherweise müssen Sie einmal dringend die Wohnung verlassen, während die Ratten gerade Auslauf haben. Sie möchten aber, daß die Tiere während Ihrer Abwesenheit im Käfig sind. Wie bekommen Sie die Ratten am schnellsten in den Käfig zurück? Ganz einfach, indem Sie die kleinen Tiere mit Leckerbissen anlocken, hochnehmen und in den Käfig setzen. Mit dem Leckerbissen, versteht sich. Zahme Ratten hören oft auf ihren Namen oder reagieren auf Klopfzeichen.

Viele Ratten sind Badefans

Wanderratten, die in der freien Natur leben, sind ausgezeichnete Schwimmer. Auch viele zahme Ratten nehmen gern ein Bad, besonders im Sommer. Mit Sauberkeit hat das Vergnügen an einem Bad nichts zu tun, denn Ratten putzen sich ebenso eifrig wie Katzen. Das »Schwimmbad« dient mehr zur Abkühlung, der Bewegung und macht manchen Ratten einfach großen Spaß.

Im Sommer sollte man den Versuch machen, Ratten eine große Plastikschale mit lauwarmem Wasser in die Sonne zu stellen. Während des Bades sollten Sie anwesend sein.

Da Ratten an den glatten Plastikwänden der Schüssel nicht ohne Hilfe hochklettern können, muß man ihnen eine Hilfestellung anbieten. Geeignet ist beispielsweise ein kleines Floß, das man aus Korken zusammenfädelt, oder eine kleine Holzleiter, die man ins Wasser hängt (Holzleitern erhalten Sie im Zoofachgeschäft). Probieren Sie unbedingt aus, ob das Floß das Gewicht der Ratte auch wirklich trägt, indem Sie einen in etwa gleich schweren Gegenstand auf das im Wasser liegende Floß legen.

Die Leiter muß so befestigt werden, daß die Ratte sie nicht ins Wasser ziehen kann, z. B. durch Einhängen am Schüsselrand.

Das Floß befestigt man am besten mit starkem Draht am Schüsselrand, damit es nicht wegrutscht, wenn die Ratte es erklimmen will.

Lassen Sie die Ratte das Bad selbständig erkunden. Zwingt man sie zum Baden, reagiert sie meist panisch. Sie hat Angst, daß man sie ertränken will. Nach dem Bad trocknet die Ratte ihr Fell in der Sonne.

Im Winter und an kühlen Tagen darf das Bad nur im geheizten Zimmer stattfinden. Anschließend sollten Sie das Fell der Ratte vorsichtig mit einem weichen Handtuch abreiben und sie unter die Heizung setzen.

Hinweis: Stellen Sie nach drei bis vier Versuchen fest, daß Ihre Ratten wasserscheu sind, so ersparen Sie ihnen das Baden.

TIP

Achtung! Zimmerpflanzen

Ratten nagen während des Auslaufs in der Wohnung an allem, was sich anbietet. Sorgen Sie dafür, daß die Ratten nicht an Zimmerpflanzen nagen können. Giftig sind beispielsweise Agaven, Aloe, Alpenveilchen, Aronstab, Bogenhanf, Christrose und Christusdorn, Chrysanthemen, Clivien, Diffenbachie, Efeu, Engelstrompete, alle Farne, Feigenbaum, Flamingoblumen, leider auch Geranien, Hortensien, Hyazinthen, Krokus, Maiglöckchen, Mistel, Myrte, Narzissen, Oleander, Primeln, Passionsblumen, Rizinus, Rhododendron, Wandelröschen, Weihnachtssterne und Zimmerkallas.

Fürs Nickerchen zwischendurch ist ein Korbnest hoch willkommen.

Sonnenbäder sind beliebt

Ratten lieben Wärme und Sonnenschein, und außerdem wird durch Sonne das Anti-Rachitis-Vitamin D aktiviert. Gönnen Sie deshalb Ihren Ratten öfters ein Sonnenbad. Wichtig ist, daß die Ratten selbst entscheiden können, wie lange sie in der Sonne liegen wollen. Deshalb den Käfig nie in die pralle Sonne stellen, denn auch Ratten können einen Hitzschlag bekommen.
Hinweis: Gefährlich ist die direkte Sonneneinstrahlung aber besonders für Albinos und alle rotäugigen Ratten.

Spaziergang mit Ratte?

Sie können Ihre Ratte durchaus auf einen Spaziergang mitnehmen. Natürlich erst dann, wenn das Tier sich an Sie gewöhnt hat, und nach Übungsgängen in der Wohnung. Widmen Sie Ihrer Ratte viel Zeit, tragen Sie sie häufig in der Wohnung herum, dann können Sie in der Regel nach drei bis vier Wochen den ersten Ausgang probieren. Setzen Sie dabei die Ratte in den Ärmel oder in die Hosen-, Rock- oder Jackentasche. Ist die Ratte erst mal völlig vertraut mit Ihnen, so können Sie sie auch auf der Schulter mitnehmen. Ratten haben nicht den Drang, sich bei der ersten Gelegenheit selbständig zu machen, und bleiben meist ruhig dort, wo sie sind. Es ist allerdings ratsam, Spaziergänge mit dem Tier lieber in einer ruhigeren Gegend zu unternehmen, um es nicht einer Schrecksituation auszusetzen. Wenn die Ratte in Panik gerät, wird sie versuchen zu flüchten.
Das größte Problem bei allen Ausflügen mit der Ratte ist die Reaktion anderer Menschen, für die Ratten immer noch »Ekeltiere« sind. Da muß der Rattenfreund die Nerven bewahren und sich unter Umständen einiges anhören. Man kann mit überlegenem Schweigen reagieren oder sich ein paar kesse Antworten einfallen lassen. Auf keinen Fall sollte man sich aber über Mitmenschen aufregen, die noch mit einem Fuß im Mittelalter stehen und bei Ratten sofort an die Pest denken.

Wie werden Ratten stubenrein?

Jeder Rattenbau in der Natur verfügt über ein »verschwiegenes Örtchen«, das von allen Ratten als Toilette benutzt wird. Nach einer gewissen Zeit wird es mit Erde und anderem Material »zugemauert«. Wie alle domestizierten Tiere haben auch Ratten einen Teil ihrer Intelligenz und Instinktsicherheit eingebüßt. Deshalb lernen es viele Ratten nicht, stubenrein zu werden. Doch

Mit einem kleinen Pappkarton können Sie Ihre Ratten stundenlang beschäftigen.

ein Versuch, die kleinen Nager an eine bestimmte Ecke für diese Zwecke zu gewöhnen, lohnt sich auf jeden Fall.

Wenn eine Ratte sich hinhockt und den Schwanz hochnimmt, wobei das Hinterteil den Boden nicht berührt, ist es soweit. Nehmen Sie dann das Tier vorsichtig hoch und setzen Sie es an den Platz, den Sie als Toilettenecke ausgesucht haben. In den ersten Wochen können Sie diesen Versuch beliebig oft wiederholen. Haben es die Ratten innerhalb dieser Zeit nicht gelernt, die Toilettenecke von sich aus aufzusuchen, ist es zwecklos, damit fortzufahren.

Zu Beginn des täglichen Auslaufs, kurz nachdem die Ratten den Käfig verlassen haben, erfolgt häufig eine Entleerung. Diese Erfahrung können Sie sich zunutze machen, indem Sie ihnen den kleinen Transportkäfig als Toilette anbieten (→ Zeichnung, Seite 18). Stellen Sie die Toilette am besten immer an den gleichen Platz im Zimmer. Geben Sie saugfähiges Papier auf den Käfigboden und darauf die gewohnte Streu (→ Seite 16). Setzen Sie die Tiere für etwa zehn Minuten in den Transportkäfig hinein. Oft klappt dieser Erziehungsversuch. Sie können aber auch beobachten, wo sich die Ratte bei ihren Ausflügen entleert und diese Ecke dann zur Toilette erklären.

VERSORGUNG IM URLAUB

Zu Hause lassen: Wenn absolut zuverlässige Freunde oder Nachbarn die Tiere in ihrer gewohnten Umgebung versorgen, ist das die beste Lösung. Erklären Sie ihrer Urlaubsvertretung genau, worauf es bei der Pflege und Ernährung ankommt. Die Ratten und ihre Betreuer sollten auf jeden Fall vorher einander kennenlernen. Natürlich kommen nur Rattenfreunde für eine solche Aufgabe in Frage.
In Pflege geben: Am besten privat bei Rattenfreunden. Viele Zoofachgeschäfte und Tierheime nehmen Ratten in Pension. Dort finden sie freilich nicht die Beachtung, die sie gewohnt sind, und meist auch nicht das zu Hause übliche Futter. Wundern Sie sich deshalb nicht, wenn Ihre Ratten nach Ihrer Rückkehr fremdeln.
Mitnehmen: Das ist nur unter ganz bestimmten Voraussetzungen zu empfehlen, z. B. wenn Sie mit dem Auto in eine Ferienwohnung fahren und dort für die Tiere in etwa gewohnte Lebensbedingungen schaffen. Überhitzungs- und Unfallgefahr bei der Fahrt bedenken.
Hinweis: In vielen Hotels und Pensionen werden Ratten nicht geduldet. Informieren Sie sich vorab.

Gesunde Ernährung

Um gesund und fit zu bleiben, brauchen Ratten eine ausgewogene, gesunde Nahrung.
Ratten sind überwiegend Vegetarier und bevorzugen Körnernahrung, Nüsse, Obst, Gemüse und Salat. Ihren Fettbedarf decken sie mit dem Fettanteil, der im Körnerfutter und in Nüssen enthalten ist.

Die Grundnahrung für Ratten

In den Futternapf kommt täglich eine bunte Körnermischung, bei der auch Sonnenblumenkerne und Erdnüsse nicht fehlen dürfen. Sehr gerne werden Maiskörner genommen, etwas Johannisbrot, Haferflocken, Hirse, getrocknete Obststückchen, Rosinen und trockene Nudeln. Bewährt hat sich auch das Untermischen von Papageienfutter. Mittlerweile gibt es auch spezielles Rattenfutter im Zoofachhandel zu kaufen.
Bei der Körnermischung muß das Futter aus 70 Prozent Getreidekörnern bestehen. Welche Sorten Ihre Ratten am liebsten mögen, müssen Sie ausprobieren. Der Anteil an Haferflocken liegt optimal bei 20 Prozent, dabei sind kernige Sorten besser geeignet als mehlige. Die restlichen 10 Prozent des Futters bestehen aus kleinen Stückchen verschiedener Nußarten und ein wenig Trockenobst.
Der Eiweißgehalt wird durch einen Teelöffel Sojamehl erhöht, das einfach über das Futter gestreut wird. Auch kleine Beigaben von Bierhefestückchen (enthält B-Vitamine und Eiweiß) verbessern den Nährstoffgehalt. Bezogen auf die Gesamtfuttermenge sollte der Hefeanteil etwa 5 Prozent betragen.
Hinweis: Füttern Sie Ratten keinesfalls ausschließlich mit Getreide. Sie können auf Grund des hohen Gehaltes an Phytinsäure an Rachitis erkranken. Zuviel Eiweiß kann zu allergischen Hautreaktionen führen.

Als Futtermenge rechnet man mit 20 Gramm Grundnahrung für Ratten, die etwa 400 Gramm wiegen. Größere Ratten brauchen entsprechend mehr Futter.

Salat und Gemüse

Salat ist bei Ratten sehr beliebt. Wenn Sie die Möglichkeit haben, kaufen Sie Salat aus biologischem Anbau für die Tiere. Sonst sollten Sie zumindest auf Kopfsalat verzichten. Feldsalat und Endivien sind besser geeignet. Neben Löwenzahnblättern verspeisen Ratten auch gern Gänseblümchen. Eine große Freude können Sie ihnen mit einem Topf Katzengras machen.
Außer Hülsenfrüchten sind alle Gemüsesorten für Ratten empfehlenswert wie z. B. Blumenkohl, Brokkoli, Gurke, Mais, Mohrrüben, Kohlrabi, Sellerie, Spargel, Zucchini.
Hinweis: Salat und Gemüse vor dem Verfüttern gründlich waschen und abtrocknen und in einem gesonderten Freßnapf anbieten.

Obst für Leckermäulchen

Obst, auch getrocknet, ist für Ratten ein begehrter Leckerbissen und enthält viele wichtige Vitamine und Spurenelemente. Aber Vorsicht mit Kernobst! Wenn die Ratten den Pflaumen- oder Kirschkern aufbeißen, gelangen sie an die darin enthaltene gefährliche Blausäure. Deshalb bei Aprikosen, Pflaumen, Kirschen und Pfirsichen unbedingt den Kern entfernen. Unbedenklich sind dagegen Äpfel, Bananen, Birnen, Erdbeeren und Himbeeren.

Keimlinge

Hafer- und Weizenkeimlinge enthalten das wichtige Vitamin E, dessen Mangel Fettgewebserkrankungen und Entzündungen begünstigt. Deshalb sollten sie so oft wie möglich angeboten werden. Lassen Sie die Getreidekörner, mit Wasser bedeckt, etwa 24 Stunden an einem warmen Platz quellen. Dann müssen die Körner in flachen, zugedeckten Ton- oder Glasschalen auf dem Fensterbrett auskeimen. Täglich etwas frisches Wasser nachgießen. In etwa fünf Tagen können die Keime verfüttert werden. Vor allem in der kalten Jahreszeit, wenn das Frischfutter knapp wird, kann Vitamin-E-Mangel entstehen.
Weitere Extras: Brotstückchen (dunkles Brot) und einmal in der Woche etwas gekochtes Eigelb, hier und da kleine Mengen von mildem Schnittkäse decken den Eiweißbedarf.

Diese beiden Ratten sichern aufmerksam.

Bei einem so reichen Angebot von Leckerbissen fällt die Wahl schwer.

Tierisches Eiweiß

Um den geringen Bedarf an tierischem Eiweiß zu decken, kann ich Ihnen für Ihre Ratten gekochtes Fischfilet, entgrätet und ungewürzt, etwas Joghurt und gekochtes Ei empfehlen. Kleine Mengen Rinderhackfleisch, mit Getreideschrot vermengt, kann man ihnen gleichfalls etwa einmal pro Woche anbieten. Auch täglich ein kleines Stück Käse deckt den Eiweißbedarf.

Etwas zum Knabbern

Da Ratten ständig ihre Nagezähne abschleifen müssen, darf im Käfig nie steinhartes, schimmelfreies, dunkles Brot (kein Weißbrot!) fehlen. Am besten trocknet man es in einem Netz an der Luft. Zur Abwechslung kann man auch mal harten Vollkorntoast geben. Sehr zu empfehlen sind auch Nüsse mit Schale. Eine Haselnuß zweimal und eine Walnuß einmal pro Woche genügen, wegen des hohen Fettgehaltes. Bei Ratten ebenfalls sehr beliebt sind Eßkastanien und Erdnüsse. Beides mit der Schale verfüttern. Die harten Schalen von Mandeln und Paranüssen können die kleinen Nager nicht aufbeißen!

Das richtige Getränk

Ratten trinken relativ viel Wasser. Sie baden auch gern ihre Pfötchen darin.

Seit immer mehr Ratten als Heimtiere gehalten werden, hat sich gezeigt, daß eine Nippeltränke allein wohl doch nicht ideal ist. Viele Rattenfreunde stellen zusätzlich noch eine Wasserschale auf. Auch diese Schale muß schwer sein (Steingut) und einen festen Stand haben. Das Wasser muß täglich erneuert werden. Vorher wäscht man die Gefäße heiß aus. Nur so ist gewährleistet, daß sich keine Algenkulturen bilden können, die ein idealer Nährboden für Bakterien sind.

Welches Futter Ratten schadet

Essensreste: Die in Essensresten - auch in Wurst, Schinken und Speck - enthaltenen Gewürze einschließlich Salz schaden der Gesundheit der Ratten auf Dauer.
Süßigkeiten: Sie lösen bei Ratten Allergien und damit verbundene Fellschäden aus, die von quälendem Juckreiz begleitet werden. Besonders gefährlich ist Schokolade, die außer Zucker auch noch Milch enthält. Milch führt bei Ratten nicht nur zu Allergien, sondern oft auch zu Durchfall. Als Belohnung geben Sie ihnen besser Obststückchen, auch getrocknet, oder Drops für Nagetiere (aus dem Zoofachhandel).
Hülsenfrüchte: Sie quellen im Magen der Ratten auf, es bilden sich Darmgase. Die Ratten können auf qualvolle Weise daran sterben. Erbsen und Bohnen gehören weder roh noch gekocht ins Rattenfutter.
Butter: In größeren Mengen verabreicht ist Butter für Ratten sogar lebensgefährlich.
Getränke: Alkohol, Tee, Kaffee, Cola, Limonade sollten für Ratten tabu sein.
Hinweis: Gekochte Kartoffeln, Reis und Nudeln darf man Ratten in kleinen Mengen geben, aber ohne jeden Zusatz von Gewürzen. Nudeln futtern Ratten jedoch auch gern roh.

Checkliste
Ernährung

1 Füttern Sie von Anfang an abwechslungsreiche Kost.

2 Regelmäßig morgens und abends füttern.

3 Grundfutter: Körnerfutter, Haferflocken, trockene Nudeln (→ Seite 30).
Zusatzkost: Obst, Gemüse und Salat anbieten (→ Seite 31).
Zum Nagen: Hartes, dunkles Brot oder harten Vollkorntoast und Nüsse mit Schale.

4 Einmal pro Woche etwas gekochtes Ei, Joghurt, gekochtes Fischfilet oder Hackfleisch (→ Seite 32).

5 Frischfutter in einem separaten Futternapf anbieten.

6 Immer frisches Trinkwasser zur Verfügung stellen!

7 Als Belohnung: Obststückchen, Nüsse oder ein kleines Stück Käse

8 Schädlich sind: Essensreste, Gewürze, Süßigkeiten, Alkohol, Kaffee, Tee, Limonade, Hunde- und Katzenfutter.

Die gepflegte Ratte

Ratten gehören zu den pflegeleichten Heimtieren. Sie putzen sich mehrmals am Tag gründlich mit Hilfe ihrer Zunge und müssen deshalb weder gebadet noch gekämmt werden. Regelmäßig kontrollieren sollten Sie jedoch folgendes:

✔ Die Nagezähne einer Ratte wachsen ständig nach. Werden sie zu lang, behindert dies die Ratte bei der Nahrungsaufnahme. Zu lange Nagezähne müssen vom Tierarzt gekürzt werden. Vorbeugend wirkt hartes Nagematerial (→ Seite 32)

✔Auch die Nägel brauchen manchmal eine »Maniküre«, die ebenfalls der Tierarzt vornimmt. Zu lange Nägel behindern das Tier beim Laufen. Vorbeugend sollten Sie die Ratten ab und zu auf hartem Untergrund (z. B. einer Steinplatte) laufen lassen.

✔ Starker roter Augen- oder Nasenausfluß deuten auf eine Erkrankung hin. Deshalb genügt es nicht, Äuglein oder Nase mit einem weichen Papiertaschentuch zu säubern, man sollte einen Tierarzt um Rat fragen.

✔ Bei nur gelegentlich auftretendem Durchfall, der rasch wieder verschwindet, reinigen Sie die Hinterpartie der Ratte sanft mit warmem Wasser und einem Läppchen.

✔ Durch Futterreste verklebte Stellen im Fell ebenfalls mit lauwarmem Wasser auswaschen.

✔ Verkrustungen im Ohr vorsichtig mit einem angefeuchteten Papiertaschentuch lösen (keine Wattestäbchen verwenden!).

Einmal im Monat sollten Sie die Nagezähne Ihrer Ratten kontrollieren.

Bis zu sechsmal und öfter am Tag »wäscht« sich eine Ratte gründlich von »Kopf bis Fuß«.

Reinigung von Käfig und Zubehör

Ein schmutziger Käfig und eine verdreckte Käfigausstattung führen nicht nur zu einer unangenehmen Geruchsbelästigung innerhalb der Wohnung, sondern können auch Ihre Ratten krank machen. Hier bilden sich Bakterienkulturen, die bei den Ratten Hautveränderungen sowie Atemwegserkrankungen hervorrufen können, und Ungeziefer wie Flöhe oder Milben findet ideale Brutstätten. Folgende regelmäßige Pflegearbeiten sollten Sie sich angewöhnen:

Täglich: Futterschale und Nippeltränke mit heißem Wasser reinigen. Bitte überprüfen Sie von Anfang an, ob die Ratten auch das Schlafhäuschen mit Urin verunreinigen. Sollte das der Fall sein, so muß es täglich neu gepolstert werden (→ Schlafhäuschen, Seite 17).

Alle drei Tage: Käfigeinstreu völlig entfernen, Boden und möglicherweise verschmutzte Gitterstäbe mit heißem Wasser abwaschen. Einstreu erneuern.

Hinweis: Wenn Sie die Einstreu öfter austauschen, besteht keine Chance, daß die Ratten sich an einen festen Platz als Toilette gewöhnen (→ Wie werden Ratten stubenrein, Seite 28).

Ein- bis zweimal wöchentlich: Einstreumaterial aus dem Schlafhäuschen entfernen und das Häuschen mit heißem Wasser auswaschen. Sie dürfen nicht vergessen, es nach dem Trocknen wieder auszupolstern.

Nach Bedarf: Spielgeräte, Leitern, Röhren und Schrägen und ähnliches bei Verschmutzung mit heißem Wasser abwaschen.

Hinweis: In fast allen Putzmitteln sind Chemikalien enthalten. Verwenden Sie zur Reinigung des Käfigs und des Zubehörs ausschließlich heißes Wasser. Auf diese Weise bewahren Sie die Tiere vor möglichen Vergiftungen und/oder Allergien. Ist der Käfig einmal besonders stark verschmutzt, können Sie zusätzlich etwas Kernseife oder Seifenflocken verwenden.

Abgestorbene Haare entfernt man am besten beim ausgiebigen Streicheln.

Fellpflege beim Streicheln

Ratten genießen es, von »ihrem« Menschen gestreichelt zu werden. Dabei lassen sich zur Zeit des Fellwechsels, im Frühjahr und im Herbst, abgestorbene Haare problemlos entfernen. Am besten setzen Sie die Ratte dazu auf den Boden oder auf den Schoß und streicheln ihr vorsichtig über Kopf, Rükken und Flanken. Dabei lösen sich die losen Haare und das Fell wird wieder seidig glatt.

Wenn Ratten Junge bekommen

Ratten sind unglaublich fruchtbar und frühreif. Im Alter von sechs Wochen setzt im Schnitt die Geschlechtsreife ein, in Ausnahmefällen sogar schon mit vier Wochen. Pro Wurf, es sind in der Regel vier im Jahr, bringt eine Rattenmutter 10, 12, 14 und mehr Junge zur Welt. Mit 15 bis 18 Monaten setzt dann meist die Menopause ein, das Rattenweibchen wird unfruchtbar.

Vor Rattenzucht wird gewarnt

Nach Schätzungen kommen im Weltmaßstab auf jeden Menschen $1\,^1/_2$ bis 3 Ratten. Dabei sind die fürs Labor gezüchteten Tiere noch gar nicht berücksichtigt. Was wäre also überflüssiger als das Züchten von Ratten? Aber genau das geschieht bereits. Man stellt in England sogar schon Standards auf, die genau beschreiben, wie die jeweilige Neuzüchtung auszusehen hat, ähnlich wie bei Hunden und Katzen. Erklärtes Ziel ist das Züchten von gesünderen Tieren mit längerer Lebensdauer. Aber Zuchtziel ist auch, »schönere« Ratten mit längerem oder gekräuseltem Fell und in modischen Farbschlägen herauszuzüchten. Ob dies gut oder schlecht für die Ratten ist, sei dahingestellt. Bei Katzen und Hunden hat sich gezeigt, daß die gezüchteten Tiere weniger intelligent sind als die »Promenadenmischungen«, psychisch weniger belastbar und anfälliger für Krankheiten. Von Qualzüchtungen will ich gar nicht erst reden. Früher ging man davon aus, daß die natürliche Lebenserwartung von Ratten sechs bis sieben Jahre beträgt. Das ist inzwischen umstritten. Dagegen spricht, daß die Weibchen bereits mit 15 bis 18 Monaten unfruchtbar werden. Außerdem lassen sich bei zweijährigen Ratten bereits deutliche Altersmerkmale beobachten:

- ✔ Die Bewegungen werden langsamer und mühsamer,
- ✔ die Tiere bekommen weiße Stichelhaare im Fell und
- ✔ das Interesse am Spielen und Herumtoben läßt deutlich nach.

Deshalb ist es unwahrscheinlich, daß ein Zuchterfolg bezüglich längerer Lebensdauer zu erwarten ist. Da das Einkreuzen von Wildratten sich als außerordentlich problematisch erwiesen hat, ist wohl in Hinsicht auf eine bessere Gesundheit und geringere Krebsanfälligkeit von Zuchtratten nicht viel zu erhoffen.

Wohin mit den jungen Ratten?

Aktive Tierschützer wissen, wie schwierig bis unmöglich es ist, sogar »gängige« Tiere wie z. B. Katzen oder Hunde zu vermitteln. Bei der Vor-

Bei der Geburt wiegen Ratten zwischen 3 und 7 Gramm. Ausgewachsene Ratten sind zwischen 200 und 800 Gramm schwer.

Neugierig wird zunächst alles genau untersucht und auf Eßbarkeit geprüft.

stellung, daß in Zukunft viermal im Jahr verzweifelte Rattenfreunde anrufen werden, die überzähligen Nachwuchs unterbringen wollen, kann ihnen nur der Angstschweiß auf die Stirn treten.

Wer da kein Problem sieht, sollte einmal probehalber eine Kleinanzeige in die Zeitung setzen mit folgendem Text: »Hübsche, gesunde junge Ratten abzugeben«. Und dann abwarten, wie viele ernstzunehmende Anfragen kommen. Heute schon landen viele »überzählige« Ratten im Tierheim, als Schlangenfutter im Zoo oder auf der Straße, wo sie bald elend zugrunde gehen, weil sie auf das Leben in Freiheit nicht vorbereitet sind.

Wer den Tieren ein solches Schicksal ersparen will, verzichtet deshalb besser von vornherein auf Nachwuchs.

Rattennachwuchs verhindern

Um Nachwuchs zu verhindern, kann man vorübergehend Weibchen und Männchen in getrennten Käfigen halten, bei getrennten Auslaufzeiten. Eine Dauerlösung ist das nicht, weil es die geselligen Tiere unnötig frustriert.

Die Kastration des Männchens ist die zuverlässigste Verhütungsmethode, sollte jedoch nur von einem Tierarzt, der Erfahrung mit Ratten hat, durchgeführt werden. Man kann das Männchen ab einem Alter von mindestens acht Wochen kastrieren. Nach der Kastration wartet man sicherheitshalber mindestens drei Wochen, bevor man die Geschlechter zusammenführt.

TIP

Jungtiere trennen

Mit vier Wochen können die Jungratten schon geschlechtsreif werden, aber erst mit frühestens acht Wochen kann man die Männchen kastrieren lassen. Rund einen Monat lang müssen Sie die Jungtiere strikt nach Geschlechtern getrennt halten. Lassen Sie das Geschlecht einwandfrei vom Tierarzt feststellen. Setzen Sie die Männchen in einen eigenen Käfig, die Weibchen dürfen bei der Mutter bleiben. Beim Auslauf der jungen Männchen sollte die Mutter in den ersten beiden Wochen dabeisein, später wird es zu riskant. In Rattenkreisen ist Blutsverwandtschaft kein Grund, sich nicht zu paaren. Frühestens drei Wochen nach der Kastration kann die Familie wieder zusammengeführt werden.

Hinweis: Es kann sich natürlich auch unerwünschter Nachwuchs anmelden, z. B. wenn Sie ahnungslos ein bereits trächtiges Weibchen erworben haben. Sobald Sie das definitiv wissen, mobilisieren Sie umgehend Ihren gesamten Bekanntenkreis, damit Sie wenigstens einige der Jungen an gute Plätze vermitteln können.

Tragzeit und Geburt

Die Begattung: Die Paarungsbereitschaft wird vom Weibchen signalisiert. Es produziert Sexualhormone, deren Duft das Männchen anzieht. Die Brunst des Weibchens dauert jeweils sechs Stunden, die einzelne Paarung nur wenige Sekunden.
Die Tragzeit: Sie dauert bei Wanderrattenweibchen etwa 24 Tage. In dieser Zeit und den folgenden vier Wochen während des Stillens hat das Weibchen den doppelten Bedarf an Nahrung und Wasser. Füttern Sie dann besonders abwechslungsreich und gehaltvoll.
Die Geburt: Oft erfolgt die Geburt in den frühen Morgenstunden. Die erfahrene Rattenmutter hat vorher bereits ein Nest für ihre Jungen gebaut. Da der Nestbau von den Rättinnen erlernt werden muß, legen junge Mütter beim ersten Wurf die Kleinen oft einfach irgendwo in den Käfig. Da muß der Mensch helfen. Polstern Sie den Platz für die Jungen mit weichen Haushaltstüchern und Stoffresten aus. Junge Ratten brauchen viel Wärme, da sie nackt auf die Welt kommen.
Hinweis: Rattenmütter sind schon 24 Stunden nach der Niederkunft wieder empfängnisbereit!

Rattenweibchen sind gute Mütter

Überlassen Sie die Pflege der Jungen allein der Rattenmutter, solange sie säugt. Daß sie krank wird oder die Jungen vernachlässigt, kommt in der Praxis kaum vor. Nehmen Sie die Kleinen möglichst ab dem 3. Tag vorsichtig in die Hand, damit sie den menschlichen Geruch und den

Kontakt zum Menschen von Anfang an gewöhnt sind. Beginnt man zu spät, die Kleinen anzufassen, bleiben sie oft ein Leben lang scheu.

Rattenweibchen sind gute, besorgte und liebevolle Mütter. Wenn sie befürchten, daß ihren Kindern Gefahr droht, können sie sehr energisch und aggressiv werden. Deshalb halten Sie Kinder, Besucher und Heimtiere vorsichtshalber von dem Nest fern. Verwöhnen Sie die Rattenmutter mit Leckerbissen und nehmen Sie sie vorsichtshalber aus dem Käfig, wenn Sie die Babys anfassen möchten.

Die Entwicklung der Jungen

Junge Ratten sind Nesthocker. Sie kommen nackt und blind auf die Welt.

Am 4. bis 7. Lebenstag beginnen die Körperhaare zu wachsen.

Zwischen dem 13. und 16. Tag öffnen die jungen Ratten die Augen. Sobald sie sehen können, krabbeln sie aus dem Nest, um ihre nähere Umgebung zu erkunden. Die Mutter sammelt sie aber wieder ein und trägt sie ins Nest zurück (→ Zeichnung, Seite 38).

Zweieinhalb Wochen nach der Geburt sollten Sie anfangen, den Jungen – obwohl sie meist noch gesäugt werden – Futter anzubieten. Besonders geeignet sind Sojamehl, zerdrückte Haferflocken, Hafermehl, Leinsaat, Babybrei mit Obst oder Gemüse, ganz kleine Salat-, Obst- und Gemüsestückchen.

Mit vier Wochen können besonders frühreife kleine Ratten schon geschlechtsreif werden.

Mit fünf Wochen ist das erste Jugendfell voll ausgebildet.

Mit sechs bis acht Wochen erfolgt der erste Haarwechsel. In diesem Alter sind alle Jungtiere fortpflanzungsfähig.

Hinweis: Die Rattenmutter säugt ihre Jungen bis zu vier Wochen lang. Aber auch danach bleibt die enge Beziehung zwischen Mutter und Kindern noch mindestens zwei Wochen lang bestehen. Die Jungen laufen der Mutter überallhin nach und lernen von ihr, wie man sich bei der Nahrungssuche verhält und Gefahren vermeidet.

Ein Rattenwurf kann aus 14 und mehr Jungtieren bestehen.

VERHALTEN UND BESCHÄFTIGUNG

Ratten sind sehr klug, entsprechend spielfreudig und unternehmungslustig. Um ihnen auch in der Obhut des Menschen ein angenehmes Leben zu bieten, brauchen sie neben guter Pflege und Zuwendung vor allem Artgenossen, viel Auslauf und Anregungen zur Beschäftigung.

Wanderratten unter sich

Wanderratten leben in Rudeln oder Familienclans zusammen. Zur Großfamilie gehört der Ururgroßvater ebenso wie die Kusine sechsten Grades. Man verträgt sich untereinander. Ernste Raufereien sind ausgesprochen selten. Jedes Tier übernimmt bereitwillig die ihm zugewiesene oder zustehende Aufgabe. Auch die Fortpflanzung erfolgt im wesentlichen innerhalb des Clans. Zu Inzuchterscheinungen kommt es trotzdem nicht. Aufgrund der großen Fruchtbarkeit der Rattenweibchen besteht kein Mangel an Partnern, zu denen keine allzu enge Blutsverwandtschaft besteht. Auf der anderen Seite allerdings ziehen die Weibchen häufig Sexualpartner aus der engeren Familie vor.
Die Beziehungen zu anderen Rattenclans sind distanziert, aber nicht unfreundlich, denn Ratten sind ausgesprochen friedfertige Tiere. Außerdem können sie sich in der freien Natur jederzeit aus dem Weg gehen.

Leitern sind bei Ratten zum Klettern sehr beliebt. Das Jungtier hat ein wenig Mühe, oben zu bleiben.

Das Leben in der Rattenburg

Die unterirdischen Bauten von Ratten in der Natur sind sehr raffiniert und kompliziert angelegt. In der Rattenburg gibt es verschiedene Räume, die jeweils unterschiedlichen Zwecken dienen, eine Reihe von Gängen und in der Regel mehrere Aus- und Eingänge.
Im Inneren der Rattenburg findet man Vorratskammern, Schlaf- und Aufenthaltsräume, ein Klo und, als besonders sicheren Platz in der Mitte des Baus, eine Wochenstube für alle säugenden Rattenweibchen.
In den angrenzenden Räumen, rund um die Wochenstube, halten sich die älteren, dominierenden Rattenmännchen auf sowie die Jungtiere und die gerade nicht säugenden Rattenweibchen. Am äußeren Rand der Burg, also an den gefährdeteren Plätzen, leben die jüngeren, halb und gerade erwachsenen Familienmitglieder. Anscheinend verkraftet der Familienclan einen möglichen Verlust dieser Tiere am ehesten.

Die Rangordnung im Rattenclan

Selbstverständlich gibt es auch bei Ratten eine Rangordnung. Sie ist allerdings nicht so eisern festgelegt wie bei den meisten anderen Tierarten. Im Löwenrudel ist es beispielsweise selbstverständlich, daß die älteren, dominierenderen Männchen sich zuerst auf das Futter stürzen. Die schwächeren, jüngeren Tiere und die Weibchen müssen sich bei knappem Nahrungsangebot mit den Resten begnügen. Bei den Ratten ist es dagegen gerade umgekehrt. Wenn nicht genügend Futter zur Sättigung aller vorhanden ist, lassen die stärkeren Männchen den Jungtieren und den Weibchen den Vortritt.

Die ranghöchsten Rattenmännchen sind eher tolerant und sehen über vieles hinweg. Ihre Aufgabe ist es in erster Linie, die Großfamilie vor Feinden und anderen Gefahren zu beschützen. Man kann es nicht anders ausdrücken: Das Leben in der Rattenburg ist von gegenseitiger Zuneigung und Rücksichtnahme geprägt.

Die Tiere helfen sich gern und ausgiebig bei der Fellpflege und kuscheln sich beim Schlafen eng aneinander. Eine besondere Verhaltensweise ist das sogenannte Über- oder Unterkriechen. Dabei kriechen die älteren Ratten über die jüngeren hinweg, eine Prozedur, die beiden Seiten gefällt und entsprechend oft wiederholt wird. Es handelt sich dabei offenbar um den Austausch von Zärtlichkeiten und Duftstoffen.

Aufgabenteilung

Die jüngeren männlichen und weiblichen Ratten, die in den Randbezirken der Burg leben, haben vor allem die Aufgabe, den Clan zu warnen, wenn ihm irgendeine Gefahr droht. Sie signalisieren dann in Ultraschalltönen »Alarm«, laufen in die inneren Räume der Behausung und wecken alle auf.

Die ranghöchsten älteren Männchen treffen dann die Entscheidung darüber, wie der Gefahr zu begegnen ist. Sie stellen sich einem Eindringling entgegen, bereit zum Kampf. Sie veranlassen und organisieren, wenn nötig, die Flucht aus dem Bau.

Die geschlechtsreifen Weibchen sind im wesentlichen mit der Aufzucht ihrer Jungen beschäftigt.

Die Rattenweibchen ziehen den Nachwuchs sogar gemeinsam in der geschützt liegenden Wochenstube groß. Es gibt keine strenge Abgrenzung der einzelnen Wurfnester.

Wenn eines der Weibchen den Raum verläßt, um Futter zu suchen oder aus einem anderen Grund, so kümmern sich die anderen während seiner Abwesenheit um die Jungen. Sie säugen, putzen und beaufsichtigen die Jungratten zusammen mit ihren eigenen. Auf diese Weise ist das Überleben der kleinen Ratten auch dann gesichert, wenn der Mutter draußen etwas zustößt und sie gar nicht mehr zurückkehrt.

Der Nestbau gehört zu den Verhaltensweisen, die Ratten erst lernen müssen.

Unter natürlichen Bedingungen im Rudel schauen die jungen Weibchen den erfahrenen ab, wie man es macht. Mit der Abwehr von

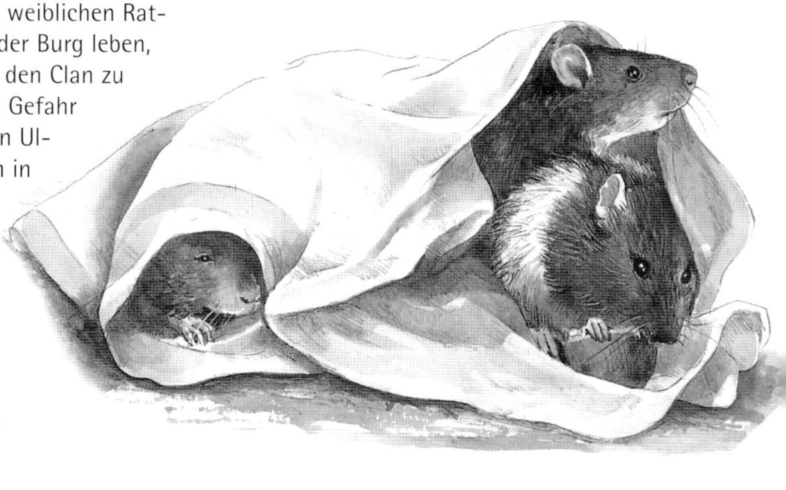

Ein altes Handtuch wird zur gemütlichen Kuschelecke für Ihre Ratten.

fremden Eindringlingen befassen sie sich nur ausnahmsweise, nämlich dann, wenn männliche Unterstützung fehlt.

Sogenannte Vorkoster sind meistens jüngere männliche Ratten des Clans. Sie erfüllen eine sehr wichtige und gefährliche Aufgabe.

Ihnen kommt es zu, als erste von unbekanntem Futter zu kosten. Das kann ein Stück Pizza sein, eine exotische Frucht, aber auch ein neuer Giftköder. Die anderen Tiere beobachten den Vorkoster aufmerksam und warten ab, was passiert. Niemand sonst nähert sich dem Futter, auch dann nicht, wenn Nahrungsmangel herrscht. Erst wenn Stunden vergangen sind, ohne daß der Vorkoster Anzeichen einer Erkrankung aufweist oder gar stirbt, tun sich auch die anderen Ratten an dem Futter gütlich.

Junge Ratten nehmen grundsätzlich nur Futter zu sich, an dem auch die älteren Tiere bereits genagt und Geruchsspuren hinterlassen haben. Diese raffinierte Technik hat viel zum Überleben der Ratten beigetragen.

Kein Mitglied eines Rattenclans rührt bis an sein Lebensende einen Köder an, nach dessen Verzehr einer seiner Vorkoster gestorben ist. Man weiß nicht, was man mehr bewundern soll, die Gedächtnisleistung der vielen Artgenossen oder die Kühnheit des Vorkosters, der sich für das Todeskommando zur Verfügung stellt – zum Wohl der anderen.

TIP

Eine Spiellandschaft für Ratten

Es ist eine bedauerliche Tatsache, daß viele der bewundernswerten Fähigkeiten, die Tiere im Laufe einer vieltausendjährigen Entwicklung sich zu eigen gemacht haben, in der Obhut des Menschen verkümmern, einfach, weil sie zuwenig gefordert werden. Das läßt sich zwar nicht ganz verhindern, Sie können jedoch zumindest dafür sorgen, daß bei Ihren Ratten keine quälende Langeweile auftritt. Ein ausgedienter Küchentisch läßt sich z. B. mit etwas handwerklichem Geschick leicht zur Spiellandschaft für Ratten umfunktionieren (→ Zeichnung, Seite 50/51). Er sollte frei im Raum stehen. Damit die Spielgeräte (Wippen, Schrägen, Leitern, Röhren) nicht vom Tisch rutschen, sollte man rundherum einen Rand aus Spanplatten errichten. Am besten basteln Sie einen etwa 15 cm hohen Rahmen, den man mit einem Griff wieder abnehmen kann. Für längere Aufenthalte der Ratten stellt man noch ein oder zwei Schlafhäuschen in die Spiellandschaft.

Hinweis: Weitere Anregungen für Spiele, die Ratten Spaß machen, finden Sie auf den PRAXIS-Seiten 48 und 49.

Abwehrverhalten. Die Ratte richtet sich auf und stößt einen für Menschen nicht hörbaren Schrei aus.

DOLMETSCHER

So »unterhalten« sich Ratten mit ihresgleichen, aber auch mit »ihrem« Menschen.

Dieses Verhalten zeigt meine Ratte.

Was will mir die Ratte sagen?

So reagiere ich richtig auf ihr Verhalten!

Mit der Zunge »wäscht« sich die Ratte ausgiebig.

Ratten pflegen ihr Fell mehrmals am Tag gründlich.

Stören Sie das Tier keinesfalls bei der Fellpflege.

Mit erhobenem Schnäuzchen wittert die Ratte.

Sie ist aufmerksam. Droht Gefahr?

Freundlicher Zuspruch wirkt beruhigend.

Ratten liegen gern beieinander.

Sie brauchen den Körperkontakt.

Nehmen Sie Ihre Ratte oft auf den Schoß.

Die Ratte kontrolliert die Analregion ihres Artgenossen.

Der spezifische Geruch der Ratte verrät der anderen, ob der Artgenosse zur Familie gehört.

Nicht eingreifen. Das gehört zum Sozialverhalten.

Der Leckerbissen wird genüßlich verzehrt.

? Futter animiert die Lernfreude der Ratte.

! So wird sie schnell handzahm.

Das Aufrechtstehen verschafft einen besseren Überblick.

? Irgend etwas hat ihre Aufmerksamkeit erregt.

! Sprechen Sie leise und beruhigend auf die Ratte ein.

Die beiden begegnen sich mit Skepsis.

? Es kann zu einer Rauferei kommen.

! Greifen Sie vorerst nicht ein.

Freundliche Kontaktaufnahme.

? Ratten brauchen Artgenossen.

! Beobachten Sie das Sozialverhalten. Bei heftigem Streit, Tiere trennen.

Rattenalltag

Wenn alles normal verläuft, keine besondere Gefahr droht und die Futterbeschaffung gesichert ist, verbringen die außerordentlich wißbegierigen Ratten rund 80 Prozent ihrer aktiven Phase damit, ihr Revier zu erkunden.

Ratten beschnuppern alles, was ihnen unterwegs begegnet. Das geschieht aber nicht nur aus reiner Neugier, es steckt auch eine gesunde Portion Mißtrauen hinter diesem Verhalten. Jede Veränderung in der gewohnten Umgebung wird sorgfältig registriert, alles ist verdächtig. Sie wittern bei jeder Abweichung von der Norm eine Falle – im buchstäblichen oder übertragenen Sinn.

Den Rest ihrer Zeit nutzen die Ratten für eine penible Fellpflege. Sie putzen sich, am liebsten in der Sonne, bis jedes einzelne Haar so richtig schön glänzt. Natürlich darf auch das so dringend erforderliche Abschleifen der ständig wachsenden Nagezähne nicht zu kurz kommen. Zwischendurch bleibt noch Spielraum zum Austausch von Zärtlichkeiten untereinander und für die Befriedigung des Sexualtriebs.

Wenn es in der Rattenburg zu eng wird

In der Natur ist das einzige, was Ratten – abgesehen von Katastrophen wie Erdbeben oder Überflutung – dazu veranlassen kann, ihren Bau oder ihr Revier zu verlassen, Raumnot. Erstaunlicherweise kann nicht einmal der Mangel an Nahrung sie dazu bewegen.

Besonders die jüngeren Ratten, die in den Randbezirken des Baus leben, wandern in kleineren oder größeren Gruppen aus, um sich anderswo eine neue Burg anzulegen.

Domestizierte Ratten haben diese Möglichkeit nicht, wenn es ihnen im Käfig aufgrund der natürlichen Vermehrung zu eng wird.

Deshalb kommt es bei ihnen zu ganz eigenartigen Erscheinungen, wenn sie nicht rechtzeitig in andere Käfige umgesetzt werden. Die jüngeren Tiere flippen regelrecht aus. Sie bilden »Banden« und interessieren sich nicht mehr für das andere Geschlecht. Dauert die Enge im Käfig an, hören schließlich auch die älteren Ratten auf, sich fortzupflanzen. Anstelle des gerade bei Ratten so hoch entwickelten Sozialverhaltens tritt purer Egoismus. Das äußert sich folgendermaßen: Jedes Tier führt sein eigenes Leben und versucht, seine Privilegien, z. B. einen besonders geschützten Schlafplatz, zu behalten, so gut es geht. Häufig werden die eigenen Interessen im Kampf verteidigt. Interessant ist auch, daß nach dem natürlichen Tod einer Reihe von Artgenossen, wenn den anderen wieder mehr Raum zur Verfügung steht, sich das Verhalten nicht wieder ändert. Es findet keine neue Sozialisierung statt, sondern das Rudel stirbt aus.

Senkrecht nach oben klettern – für Ratten kein Problem. Der Schwanz hilft beim Festhalten.

Körpersprache und Lautsprache

Wie sich Ratten äußern	Was das bedeutet
Sich gegenseitig mit der Nase berühren.	Schnupperkontakt.
Auf den Hinterfüßen stehen und einen Buckel machen.	Diese Haltung wird oft vor dem Beginn der Fellpflege eingenommen.
Männchen machen.	Erhöhte Aufmerksamkeit.
Vorgerecktes Schnäuzchen.	Die Ratte hat Witterung aufgenommen.
Stehen auf den Hinterfüßen, Maul aufgesperrt, so daß die Zähne sichtbar sind.	Abwehrverhalten. Die Ratte baut sich drohend vor dem Gegner auf und stößt einen Schrei aus, der für Menschen unhörbar ist (→ Zeichnung, Seite 43).
Beriechen der Anal- und Schnauzenregion.	Duftkontrolle. Die Ratte erkennt so, ob der Artgenosse zum Rudel gehört.
Mit den Vorderpfoten aufeinander eintrommeln.	Kampfverhalten einander fremder Ratten. Spielerisch auch bei »Scheingefechten«.
Ältere Ratten kriechen mehrmals über die Jungtiere hinweg oder unter ihnen durch.	Austausch von Zärtlichkeiten. Kontaktpflege.
Aneinanderkuscheln.	Zeichen von ausgeprägtem Sozialkontakt.
Urintropfen setzen.	Das Revier wird mit Urin markiert.
Futterbrocken mit den Vorderpfoten greifen.	Das Futter wird zunächst in den Pfoten hin und her gedreht, um es genau zu untersuchen.
Dem Artgenossen bestimmte Körperpartien, z. B. Kinn oder Oberkopf, hinhalten.	Aufforderung zur gegenseitigen Fellpflege.
Den Kopf vorstrecken.	Erhöhte Wachsamkeit.
Hervorquellende Augen mit Zähnewetzen.	Die Ratte fühlt sich wohl.

Die Spieltreppe
Auf einer wenig benutzten Boden- oder Kellertreppe können Sie Ihren Ratten einen reizvollen Spielplatz einrichten. Die Stufen werden durch Schrägen aus Holzbrettchen und/oder Keramikröhren zum Durchkriechen miteinander verbunden. Auf der einen Stufe wartet eine Schale mit Katzengras oder Sand auf sie, auf einer anderen ein paar Papierbällchen. Auf einer Seite können Sie ein Holzbrett mit Rupfen bespannt verankern.

So eine Spieltreppe ist auch der geeignete Platz, um den Ratten frisches Gemüse, Obst und Salat anzubieten.

Sich in der Hängematte aalen
Eine Hängematte läßt sich aus einem alten Handtuch oder einem Stück Stoff basteln. An den Schmalseiten wird der Stoff so vernäht, daß ein Saum bleibt. Durch den Saum ziehen Sie jeweils ein Stöckchen und verankern die Stockenden von außen horizontal am Käfiggitter, am besten in einer Ecke. Stellen Sie sicher, daß die Konstruktion das Gewicht Ihrer Ratten hält. Mit Hilfe eines Sockels oder eines Astes können die Ratten bequem in die Hängematte hineinklettern.

Die neugierigen Ratten erforschen auch den alten Schuh genau und nutzen ihn als kuscheliges Versteck.

So bleiben Ratten fit
Die klugen Ratten brauchen viel Beschäftigung und Abwechslung vom tristen Käfigdasein. Deshalb sollten Sie:

- ✔ Niemals eine Ratte allein halten.
- ✔ Viel Auslauf mit ausgiebigem Schmusen bieten.
- ✔ Den Käfig einfallsreich und mit viel Spielmöglichkeiten einrichten.
- ✔ Immer wieder für Überraschungen und Abwechslung sorgen.

Wechseln Sie die Einrichtung jedoch nicht zu häufig. Ratten sind revierbezogen. Zu häufige Veränderungen verursachen Streß bei den Tieren.

Sehr wichtig für Ratten ist der Körperkontakt zu Artgenossen, aber auch zu »ihrem« Menschen.

Im Sand buddeln
Daran haben Ratten ebensoviel Spaß wie Kinder. Je größer der Plastik- oder Blechbehälter ist, desto besser. Als zusätzlichen Anreiz können Sie ein paar kleine Leckerbissen im Sand verstecken. Am besten eignen sich dazu Erdnüsse in der Schale.

Kletterstricke
Ein frei herunterhängender, fester Kletterstrick sollte in keinem Käfig fehlen. Tägliche Klettertouren halten die kleinen Nager fit.

Papier und Pappe
Zerknülltes Zeitungspapier, Küchentücher, Packpapier und Pappkartons gehören zum Lieblingsspielzeug von Ratten. Wenn sie aufgearbeitet sind, kann man sie einfach wegwerfen. Papprollen von Küchentüchern und Toilettenpapier bieten jungen und schlanken älteren Ratten wunderbare Verstecke.

Ratten lieben Musik
Erinnern Sie sich an den Rattenfänger von Hameln? Mit einer Flöte lockte er die Ratten aus der Stadt. Inzwischen steht fest, daß Ratten tatsächlich Flötenmusik lieben, besonders von Mozart. Musik ist übrigens sehr geeignet zum Eingewöhnen, wenn Sie die Ratten länger allein lassen müssen oder zwischendurch, um ihnen eine Freude zu machen. Bedenken Sie jedoch, daß die lärmempfindlichen Ratten nur leise Musik mögen.

Ein Stück Natur
Baumäste verschaffen Ihren Ratten für eine ganze Weile Beschäftigung. Sie kratzen und nagen mit Begeisterung daran. Reißen Sie aber bitte keine Äste vom Baum herunter. Desinfizieren erforderlich, um keine Parasiten einzuschleppen (→ Seite 58).

Ein aufregender Ratten-Spielplatz. Hängeleiter und Holzleiter laden zum Klettern und Balancieren ein. Häuschen und Röhren zum Verstecken. Frisches Futter sorgt für Stärkung.

Solche ausgehöhlten Äste gibt es im Zoofachhandel zu kaufen. Ratten nagen mit Begeisterung daran und verstecken sich darin.

Kletterbäume für Klettermaxen
Lange schon gibt es im Zoohandel Kletterbäume für Katzen. Davon sind auch Ratten begeistert.
Wählen Sie einen Kletterbaum, der mit Sisalhanf bespannt ist und nicht mit Teppichbodenmaterial. Er eignet sich für Ratten besser zum Klettern. Stellen Sie den Kletterbaum so im Raum auf, daß die Ratten nicht vom Baum auf die Schrankwand überwechseln können.
Hinweis: Baum fest verankern, damit er nicht umfällt!

Die Sinnesleistungen von Ratten

Die Sinnesorgane sind bei Ratten außerordentlich hoch entwickelt, mit Ausnahme des Gesichtssinnes.

Der Geruchssinn ist bei Ratten vielleicht am höchsten entwickelt. Ratten verfügen über eine hochentwickelte Duftsprache. Durch die Analkontrolle und Beriechen im Schnauzenbereich können sie Freund und Feind voneinander unterscheiden. Ja sogar einzelne Rudelmitglieder werden am spezifischen Duft voneinander unterschieden.

Auch ein paarungsbereites Weibchen signalisiert seine Paarungsbereitschaft mit einer speziellen »Duftnote«.

Zur Duftsprache gehört ebenfalls das Markieren mit Urin. So wird das Revier »abgesteckt« oder den anderen Rudelmitgliedern beispielsweise ein Fluchtweg markiert. Mit Hilfe des Geruchssinnes finden Ratten außerdem ihre Nahrung.

Hinweis: In der Obhut des Menschen lernen Ratten, ihren Pfleger an seinem persönlichen Geruch zu erkennen. Deshalb halte ich es für wichtig, sich vor dem Anfassen der Ratte die Hände weder mit Duftseife zu waschen, noch Parfüm zu verwenden. Die »persönliche Duftnote« ihres Pflegers wäre sonst für die Ratten nicht so intensiv wahrnehmbar.

Der Geschmackssinn ist gleichfalls sehr differenziert. Mit seiner Hilfe ist es Ratten möglich, selbst zwei Millionstel eines Giftes in einem Köder aufzuspüren.

Das Gehör – ebenfalls bestens ausgeprägt – erlaubt den Ratten, sich untereinander in Ultraschall-Lauten zu verständigen. Wenn sie wütend sind, stoßen sie hohe, helle Schreie aus, die von Menschen mit feinem Gehör wahrgenommen und leicht mit Pfeiftönen verwechselt werden können (→ Zeichnung, Seite 43).

Außerdem gibt es spezielle Sexuallockrufe und den berühmten Demutsschrei, mit dem eine Ratte sich unterwirft.

Rattenbabys, die Angst haben, geben Quietschlaute im Ultraschallbereich von sich. Es kann kein Zweifel darüber bestehen, daß Ratten eine eigene Sprache besitzen.

Der Tastsinn bietet den Tieren eine ausgezeichnete Orientierungshilfe. Tast- und Schnurrbarthaare reagieren besonders sensibel.

Der Gesichtssinn ist dagegen wie bei allen nacht- beziehungsweise dämmerungsaktiven Tieren wenig scharf.

Der Gleichgewichtssinn ist noch nicht eindeutig erforscht. Man vermutet, daß die Ratten es mit Hilfe des Gleichgewichtssinnes fertigbrin-

Auf einem ausgedienten Tisch läßt sich eine herrliche Spiellandschaft für Ratten gestalten (→ Seite 43).

gen, wie ein lebender Seismograph Erdbeben und andere Naturkatastrophen im voraus anzukündigen.

Andere verblüffende Leistungen

Doch Ratten haben nicht nur verblüffende Sinnesleistungen vorzuweisen, sondern sie besitzen auch andere erstaunliche Fähigkeiten.

✔ Ausgewachsene Ratten können sich »lang« machen und notfalls durch Öffnungen zwängen, die nicht größer sind als ein normales Fünfmarkstück.

✔ Ratten können kilometerweit schwimmen und mit Hilfe ihrer geschickten Greifhände gut fischen.

✔ Ratten können hervorragend tauchen.

✔ Ratten können beispielsweise an Sielrohren senkrecht nach oben klettern, vom Keller bis in den 10. Stock eines Hochhauses.

✔ Ratten sind wahre Balancekünstler und gelangen über Ankerketten, Seile oder Telegraphenstangen sicher an ihr angepeiltes Ziel.

✔ Ratten können sich jedem Klima anpassen.

Die Intelligenz von Ratten

Für die erstaunliche Intelligenz von Ratten sprechen vor allem ihre Lernfähigkeit und ihr Anpassungsvermögen. Sie sind in der Lage, sich in einer völlig fremden Umgebung rasch zurechtzufinden und sich den neuen Gegebenheiten anzupassen.

Die domestizierten Ratten haben es in kürzester Zeit gelernt, dem Menschen, der sie jahrtausendelang nur verfolgt hat, Vertrauen entgegenzubringen. Sie werden rasch handzahm und manche schmusen mit dem menschlichen Riesen, als wäre er nichts anderes als eine überdimensionale Ratte.

Vor allem aber spricht die Kunst des Überlebens für ihre Intelligenz. Dabei spielt gewiß auch die harte Schule, die sie als Gejagte und Verfolgte hinter sich haben, eine entscheidende Rolle.

Wer im Rattenclan nicht lernfähig war und sich den oft widrigsten Bedingungen nicht anzupassen verstand, hatte keine Chance zu überleben. Übrig blieben deshalb die klügsten, am höchsten entwickelten Tiere, die in der Lage waren, mit so ziemlich jeder Situation fertig zu werden.

Auch das hohe Sozialbewußtsein der Ratten, ihr unbedingtes Zusammenhalten, füreinander Eintreten, sich gegenseitig Schützen ist nichts anderes als eine Ausdrucksform ihrer Intelligenz. Als ichbezogene Einzelgänger wären die Ratten schon längst ausgerottet worden.

GESUNDHEITSVORSORGE UND KRANKHEITEN

Ratten sind von Natur aus wenig krankheitsanfällig. Unterstützen Sie ihre angeborene Robustheit, indem Sie Ihre Ratten artgerecht halten, richtig ernähren und durch viel Bewegung und Abwechslung Käfiglangeweile vermeiden.

Krankheiten vorbeugen

Auch für die Gesundheit der Ratte gilt: Vorbeugen ist besser als Heilen. Achten Sie darauf,

✔ daß Sie Ihre Ratten richtig und abwechslungsreich ernähren (→ Seite 30),

✔ ihnen regelmäßig Freilauf gewähren (→ Seite 24),

✔ sie sich sonnen können, wenn sie es möchten (→ Seite 28),

✔ und daß ihr Käfig einen vor Zugluft und Lärm geschützten Standort erhält.

Trotz optimaler Haltungsbedingungen kann es jedoch vorkommen, daß Ratten plötzlich erkranken. Zörgern Sie dann nicht, einen Tierarzt aufzusuchen.

Hinweis: Verzichten Sie darauf, selbst eine Diagnose zu stellen und Ihren Ratten nach eigenem Gutdünken Medikamente zu verabreichen. Was sich für den Menschen oder andere Haustiere bewährt hat, kann unter Umständen bei der Ratte tödlich wirken. Bei manchen Krankheiten haben sich homöopathische Präparate für Ratten bewährt. Sie haben den Vorteil, daß sie den Organismus kaum belasten.

Ratten benutzen ihre Vorderpfoten wie Hände. Futterbrocken werden zwischen den Pfoten gehalten und so in aller Ruhe verzehrt.

Die Wahl des richtigen Tierarztes

Wie bei allen kleinen Heimtieren ist es wichtig, auch für die Ratte den richtigen Tierarzt zu finden. Suchen sie nach einem Fachtierarzt für Kleintiere. Aber auch da sollten Sie vorsichtshalber fragen, ob er Erfahrung in der Bahandlung von Ratten hat. Erkundigen Sie sich am besten schon bei der Anschaffung einer Ratte nach einem Tierarzt, der sich mit Heimnagern auskennt.

Auskunft geben können Zoofachhandlungen, der örtliche Tierschutzverein oder andere Rattenbesitzer. Wenn Sie dort nicht fündig werden, rufen Sie bei Rattenclubs oder -vereinen an (→ Adressen, Seite 62). Diese können ebenfalls Tierärzte empfehlen.

Der Transport zum Tierarzt

Ideal ist eine Transportbox aus Kunststoff (→ Seite 18). Eine kranke Ratte kann man aber auch in einer festen Schachtel mit Deckel transportieren. Dazu Luftlöcher in den Deckel bohren, den Boden mit Papier auslegen und etwas Einstreu daraufgeben.

Im Winter müssen Sie dafür sorgen, daß die Ratte während des Transports warm gehalten wird. Dafür eignet sich eine normale Wärmflasche mit warmem Wasser gefüllt. Legen Sie sie in einen großen Karton und stellen Sie dann die kleinere Schachtel mit dem Tier darauf.

Erste Krankheitsanzeichen

Wenn Sie gelernt haben, Ihre Ratte gut zu beobachten, werden Sie sofort merken, wenn etwas mit ihr nicht stimmt. Krankheiten beginnen meist mit:

- ✔ Veränderungen im Verhalten wie Apathie, Desinteresse an der Umgebung und »fremdeln«,
- ✔ Futterverweigerung,
- ✔ hochgezogenem Rücken und gesträubtem Fell,
- ✔ Verklebungen um die natürlichen Körperöffnungen,
- ✔ zu weichem oder zu hartem Kot,
- ✔ Niesen, Husten, Röcheln, Flankenatmung,
- ✔ hervortretenden Geschwülsten.

Treten derartige Krankheitsanzeichen auf, so gilt folgende Faustregel: Beobachten Sie Ihre Ratte einen Tag lang. Wenn in diesem Zeitraum die Symptome wieder verschwinden, besteht in der Regel kein Grund zur Besorgnis. Wenn nicht, sollten Sie sofort mit der Ratte zum Tierarzt gehen.
Auf keinen Fall darf man selbst Behandlungsversuche unternehmen, denn ein Laie kann z. B. schwerlich eine harmlose Erkältung von einer lebensbedrohlichen Lungenentzündung unterscheiden.
Hinweis: Es kann vorkommen, daß eine sonst zutrauliche Ratte plötzlich zubeißt. Dieses Verhalten zeigen Tiere manchmal, wenn sie krank sind. Sie sind ängstlich, und die Berührung mit der Hand ist ihnen offensichtlich unangenehm. Hier ist erhöhte Aufmerksamkeit im Hinblick auf eventuelle weitere Krankheitssymptome angezeigt.

Krankheiten, die häufiger vorkommen

Im folgenden Text habe ich Ihnen vor allem Krankheiten beschrieben, mit denen Rattenhalter häufiger konfrontiert werden. Natürlich gibt es eine Vielzahl weiterer Krankheiten. Sie hier alle aufzuführen, würde den Rahmen dieses Ratgebers sprengen. Bringen Sie im Zweifelsfall die Ratte immer sofort zum Tierarzt.

Tumorerkrankungen

Tumore treten bei über 18 Monate alten Ratten sehr häufig auf. Sie stellen die häufigste Todesursache dar.

Sorgen Sie für eine ausgewogene Ernährung Ihrer Ratten.

Störungen und Krankheiten erkennen

Erste Anzeichen	Mögliche Ursachen	Behandlung
Nasenausfluß, Niesen, Husten, Röcheln, Atemnot, piepsende Atemgeräusche, Flankenatmung.	Infektion der oberen Luftwege, Herzschwäche, Lungentumor.	Umgehend zum Tierarzt, Überprüfung des Käfigstandorts (Zugluft, Umgebungstemperatur, Luftfeuchte), Anbieten von wärmendem Nistbaumaterial (Scharpie aus dem Zoofachgeschäft), Trennen von Artgenossen.
Blasse, bläulich verfärbte Schleimhäute, Atemnot, Ödeme unter der Haut, Rötung von Ohren, Füßen und Schwanz, vermehrter Durst.	Herz- und Kreislaufschwäche, Nierenerkrankung.	Umgehend zum Tierarzt, Überprüfen des Käfigstandorts (Überhitzung durch direkte Sonneneinstrahlung).
Appetitlosigkeit, Speicheln, nässende Hautentzündung um die Mundspalte.	Zahnanomalien, Verletzungen in der Mundhöhle (Backenschleimhaut, Zunge).	Umgehend zum Tierarzt. Kürzen der zu langen Schneidezähne im Abstand von jeweils 6 Wochen.
Appetitlosikeit, Abmagern, breiiger bis flüssiger Kot, verklebte Analregion, nässende Rötung der Haut des Schwanzes und der Hinterextremitäten, vermehrter Durst.	Durchfall durch Fütterungsfehler (Füttern direkt aus dem Kühlschrank, verdorbenes Futter), spezifische Darminfektionen.	Umgehend zum Tierarzt. Rohfaserfreie Fütterung (Hafer, Heu), Saftfutter weglassen, verstärkte Käfighygiene (Reinigung mit kochend heißem Wasser).
Hautjucken, rauhes und gelbliches Haarkleid, Bläschen, Schuppenbildung, Kahlstellen, Blutkrusten, symmetrischer Haarausfall.	Ektoparasiten (Läuse, Flöhe, Milben), Pilzbefall, Allergie gegenüber Futter, Eiweiß, Einstreu, Nistmaterial, Verletzungen durch Artgenossen, Selbstverstümmelung, Überalterung.	Umgehend zum Tierarzt. Käfighygiene, Futterumstellung (Alleinfutter), Wechseln der Einstreu und des Nistmaterials, Trennen von Artgenossen.
Geschwülste im Gesäugebereich und an den Extremitäten, Abszesse.	Tumore	Operation durch den Tierarzt.

Anzeichen: Umfangsvermehrungen vor allem im Bereich des Gesäuges, der Extremitäten und der Kopf- und Halsregion. An Krebs erkrankte Ratten zeigen meistens kaum Störungen des Allgemeinbefindens. Appetit und Verhalten bleiben weitgehend normal, erst im fortgeschrittenen Stadium kommt es zu Ausfallerscheinungen: gestörte Fortbewegung, Atembeschwerden bei Lungentumoren und vermehrter Bauchumfang bei Gebärmuttertumoren.
Ursache: Ratten bekommen sehr leicht Tumore infolge eines angezüchteten Defektes des Immunsystems.
Behandlung: Chirurgische Enfernung des Tumors durch den Tierarzt, je nach Lage und Ausbreitung. In aussichtslosen Fällen rät der Tierarzt, die Ratte einzuschläfern (→ Seite 59).

Atemwegserkrankungen

Ratten sind gegenüber bakteriellen Erregern von Luftwegsinfektionen ausgesprochen empfindlich. Dabei spielen meistens mehrere Faktoren eine Rolle.
Anzeichen: Nasenausfluß, Niesen, Röcheln, Husten, Atemnot, piepsende Atemgeräusche, Flankenatmung, panische Bewegungen und Erstickungsanfälle.
Mögliche Ursachen: Ungünstiger Käfigstandort (Zugluft, Kälte, Hitze, zu hohe oder zu niedrige Luftfeuchtigkeit), Streß, Ansteckung durch Neuzugänge, Herz- und Kreislauferkrankungen, Lungentumore.
Behandlung: Sofort zum Tierarzt. Je nach Erkrankung kommen Antibiotika, Herz- und Kreislaufmedikamente sowie Entwässerungspräparate zum Einsatz. Vitaminreiche Ernährung und Maßnahmen zur Verbesserung der Haltungsbedingungen unterstützen den Heilungsprozeß.

Verdauungsstörungen

Auch Verdauungsstörungen können bei der Ratte die verschiedensten Ursachen haben. Besonders anfällig sind Jungtiere.
Anzeichen: Appetitlosigkeit, breiiger bis flüssiger Kot, Verklebungen im Analbereich, nässende Rötung der Haut des Schwanzes und der Hinterextremitäten, vermehrter Durst, Austrocknung. Zu harter Kot weist auf Verstopfung hin.
Mögliche Ursachen: Futterwechsel, ungeeignetes, verdorbenes Futter, Endoparasiten und zahlreiche bakterielle Erreger, aber auch die Verabreichung von Antibiotika sowie Streß- und Angstzustände können Magen-Darmstörungen hervorrufen.

In Gesellschaft von Artgenossen fühlen sich Ratten am wohlsten.

Junge Ratten schauen sich viel von der Mutter ab und folgen ihr auf Schritt und Tritt.

Behandlung: Handelt es sich nur um leichten Durchfall, reguliert sich dieser von selbst, wenn man etwas Diät hält (Weglassen des Saftfutters, Verabreichen von Hafer oder Haferflocken, leicht gesüßten Kamillen- oder Fencheltee an Stelle von Wasser in die Tränkflasche füllen). Länger anhaltender Durchfall und Verstopfungen kann nur der Tierarzt behandeln. Ratten erkranken sehr rasch an Störungen des Flüssigkeitshaushaltes.

Zahnanomalien

Wie alle Heimnager neigen auch Ratten zu Zahnanomalien. In erster Linie handelt es sich um Fehlstellungen der Schneidezähne, die Backenzähne sind nur selten betroffen.

Anzeichen: Appetitlosigkeit, Abmagern, Speicheln, übermäßiges Längenwachstum und Einrollen der Schneidezähne nach hinten mit Verletzung der Lippen und des Gaumendaches.
Mögliche Ursachen: Erbliche Veranlagung, Kieferanomalie, zu wenig strukturiertes Futter, Fehlen von Nagematerial.
Behandlung: Regelmäßiges Kürzen der Zähne durch den Tierarzt in Abständen von etwa 6 Wochen. Das Abzwicken der Zähne mit einem Seitenschneider ist wegen des leichten Splitterns der Zähne nicht zu empfehlen. Der Tier-

TIP

Patient Ratte

Kranke Ratten brauchen vor allem Ruhe und Wärme. Trennen Sie sie notfalls kurzfristig von ihren gesunden Artgenossen, wenn keine Ansteckungsgefahr besteht. Fragen Sie den Tierarzt, ob er eine Rotlichtlampe neben dem Käfig für sinnvoll hält.
Leidet das kranke Tier an Appetitmangel, so bieten Sie ihm als Diätkost handelsübliche Babynahrung an, ohne Fleisch, aber mit Karotten oder anderem Gemüse.
Auch nach einer Operation oder zur Kräftigung von Muttertieren nach der Geburt sind derartige Breis gut geeignet.
Kümmern Sie sich viel um die kranke Ratte. Wenn Streicheleinheiten vorübergehend ausfallen müssen, weil sich das Tier berührungsscheu zeigt oder Ansteckungsgefahr besteht, so sprechen Sie viel mit ihm, reden Sie ihm freundlich zu. Das tröstet.

arzt benutzt deshalb eine elektrisch angetriebene Trennscheibe. Hartes Brot, Nüsse in der Schale und pelletiertes Futter begünstigen den natürlichen Zahnabrieb.

Fellrupfen

Hierbei handelt es sich um eine psychogene Verhaltensstörung.
Anzeichen: Vorder- und Hinterextrimitäten sehen aus wie »abrasiert«.
Mögliche Ursachen: Käfiglangeweile, Streß, fehlende Artgenossen.
Behandlung: Vermehrte Zuwendung, Verbesserung der Käfigeinrichtung (Versteck- und Klettermöglichkeiten, Schlafhäuschen, Hängematte), vorsichtiges Gewöhnen an einen Partner. Vielfach ändert die Ratte ihr Verhalten jedoch nicht mehr. Die Störung ist dann »manifest« geworden.

Abszesse

Besonders beim Zusammentreffen von Ratten fremder Sippschaften, aber auch innerhalb des eigenen Rudels kommt es zu Kämpfen oder Bißverletzungen.
Anzeichen: Blutende Wunden, Krustenbildung, Geschwüre, Abszesse.
Mögliche Ursachen: Infizierte Bisse von Artgenossen, Verletzungen an der Käfigvergitterung oder ungeeignetem Käfiginventar.
Behandlung: Der Tierarzt entscheidet, was im Einzelfall zu tun ist. Notfalls muß eine Behandlung in Narkose vorgenommen werden.

Allergien

Besonders Albinoratten neigen zu allergischen Hautreaktionen. Das Erkennen der Ursache ist zumeist problematisch.
Anzeichen: Stumpfes Haarkleid, Hautrötung, blutende und verkrustete Wunden durch Kratzen und Beißen infolge von Juckreiz, Kahlstellen im Fell und Schuppenbildung.
Mögliche Ursachen: Eiweißüberfütterung, Unverträglichkeit gegenüber Einstreu, Nistmaterial und Heu sowie gegenüber chemischen Rückständen in Obst und Gemüse. Auch Putz- und Desinfektionsmittel können allergen wirken.
Behandlung: Beratung durch den Tierarzt. Mögliche Ursachen abstellen.

Parasitäre Hauterkrankungen

Hautparasiten werden durch Berührungskontakt mit befallenen Artgenossen übertragen. Jungtiere können sich bei der Mutter oder im Rudel infizieren, ohne gleich zu erkranken. Her-

abgesetzte Widerstandskraft infolge von Streßbelastung kann lange Zeit später zur plötzlichen Vermehrung der Parasiten führen.
Anzeichen: Unruhe infolge von starkem Juckreiz, Rötung der Körperoberfläche, Kratz- und Bißspuren auf der Haut, Bläschen, Krusten, Schuppenbildung besonders im Kopf-, Hals- und Schulterbereich. Teilweise sind Parasiten als bewegliche Punkte mit bloßem Auge im Fell zu erkennen. Bei starker Ausbreitung kann es zu Blutarmut kommen.
Ursache: Befall mit Läusen, Haarlingen oder Milben.
Behandlung: Obwohl im Zoofachhandel zahllose Puder, Sprays und Shampoos zur Behandlung von Hautparasiten angeboten werden, sollte man sich auch hier an den Tierarzt halten. Er stellt die Diagnose, um welchen Parasiten es sich handelt, und wählt die am wenigsten schädliche Behandlungsmethode, denn alle Ungezieferpräparate enthalten Giftstoffe. Auch bei Hautparasiten ist das Optimieren der Haltungsumstände von entscheidender Bedeutung.

Altersblindheit

Besonders Albinoratten erblinden häufig, wenn sie älter werden.
Anzeichen: Auffallende Vorsicht in unbekannter Umgebung, Anstoßen bei unvermutet auftauchenden Hindernissen, Schreckhaftigkeit.
Ursache: Man nimmt an, daß zu starke Lichteinwirkung im Laufe der Zeit die Netzhaut des Auges schädigt.
Behandlung: Eine Therapie ist nicht möglich. Da sich Ratten vorwiegend über das Gehör und den Geruchssinn orientieren, finden sie sich trotz des Verlustes der Sehfähigkeit sehr gut zurecht. Der vermehrten Schreckhaftigkeit muß man durch vorsichtiges Annähern und leises Auftreten Rechnung tragen. Zur Vorbeugung sollte man immer daran denken, daß Ratten dämmerungs- und nachtaktive Tiere sind, für die große Helligkeit unangenehm und schädlich ist.

Einschläfern

Wenn eine Ratte an einer unheilbaren Krankheit leidet und dabei offensichtlich starke Schmerzen hat, sollten Sie zusammen mit dem Tierarzt entscheiden, ob Sie die Ratte einschläfern lassen. Es wäre falsch verstandene Tierliebe, die Ratte weiter leiden zu lassen. Dies muß man vor allem Kindern erklären, die oft sehr an ihrem geliebten Spielkameraden hängen. Laut Gesetz ist es erlaubt, eine Ratte im eigenen Garten unter einer mindestens 50 cm tiefen Erdschicht zu begraben.

Ratten werden in der Krebsforschung als Versuchstiere eingesetzt und deshalb auf Immunschwäche hin gezüchtet. Die meisten Ratten erkranken daher an deutlich sichtbaren Krebsgeschwülsten.

REGISTER

Die halbfett gesetzten Seitenzahlen verweisen auf Farbfotos und Zeichnungen.

Je enger die jungen Ratten miteinander kuscheln können, um so wohler fühlen sie sich.

REGISTER

Adressen

• Verein der Rattenliebhaber und -züchter in Deutschland e.V. (VdRD), Postfach 15 03 24, D-60063 Frankfurt

• Rattenclub Berlin-Brandenburg e. V. , Gemeinschaft zur Währung der Rechte der Ratten, Bornsdorferstr. 43, D-12053 Berlin (Helpline: 030/ 6 86 53 85)

Bücher, die weiterhelfen

(falls nicht im Buchhandel, dann in Bibliotheken erhältlich)

• Berghoff, P.: Kleine Heimtiere und ihre Erkrankungen, Parey Verlag, Berlin und Hamburg.

• Bulla, Gisela: Die kluge Ratte, Rowohlt Verlag, Reinbek bei Hamburg.

• Day, Christopher: Homöopathischer Ratgeber Heimtiere, BLV Verlag, München.

• Eibl-Eibesfeldt, I.: Grundriß der vergleichenden Verhaltensforschung, Piper Verlag, München.

• Mettler, Michael: Zahme Ratten, Falken Verlag, Niedernhausen.

Zeitschriften

• Hamster & Co, Branden - Fachverlag Ulrich, D-36211 Alheim

Fragen zu Ratten beantworten auch

Ihr Zoofachhändler und der Zentralverband Zoologischer Fachbetriebe Deutschlands e.V., D-63225 Langen, Tel. 0 61 03 / 91 07 32 (nur telefonische Auskunft möglich).

Die Autorin

Dr. Gisela Bulla, promovierte Archäologin, Lektorin und seit 1976 freie Schriftstellerin. Die engagierte Tierschützerin und Gegnerin von Tierversuchen ist Autorin zahlreicher Tierbücher.

Die Fotografin

Christine Steimer arbeitet seit 1985 als freie Fotografin. Sie hat sich 1989 auf Tierfotografie spezialisiert.

Der Zeichner

György Jankovics studierte Grafik an den Kunstakademien von Budapest und Hamburg. Für eine Reihe angesehener Verlage zeichnet er Tier- und Pflanzenmotive. Auch für die GU Redaktion Natur hat er bereits viele Titel illustriert.

Dank

Autorin und Verlag danken Herrn P. Hollmann für die Überarbeitung des Kapitels »Gesundheitsvorsorge und Krankheiten«.

Fotos: Buchumschlag und Innenteil

Umschlagvorderseite: Die Pfiffigkeit sieht man dieser zahmen Ratte schon an. Mit Vorliebe läß sie sich von »ihrem« Mensch auf der Schulter herumtragen (großes Foto).
Inzwischen gibt es hübsche Farbschläge von Ratten. Hier zwei gescheckte Tiere (kleines Foto).
Umschlagrückseite: Einfarbig braune Ratte auf Holzwippe.
Seite 1: Ratten sind vorwiegend Vegetarier. Ein Stück gekochtes Ei sollte eine Ratte als Heimtier nur einmal pro Woche erhalten.
Seite 2/3: Beim Auslauf in der Wohnung stellen Sie Zimmerpflanzen vorsichtshalber zur Seite. Ratten sind neugierig und könnten auch an für sie giftigen Pflanzen naschen.
Seite 4/5: Enger Körperkontakt zum Artgenossen ist für Ratten lebensnotwendig.
Seite 6/7: Freundschaft zwischen einer Ratte und einem jungen unerfahrenen Kätzchen kann es geben, ist aber nicht die Regel. Katzen betrachten Ratten normalerweise als Beutetiere.
Seite 64: Schon ganz junge Ratten üben sich im Klettern.

An unsere Leserinnen und Leser

Wir freuen uns, Ihre Meinung zu diesem TierRatgeber zu erfahren. Bitte schreiben Sie uns, wenn Sie Berichtigungen und Ergänzungsvorschläge haben oder wenn Ihnen etwas besonders gut gefällt.

Gräfe und Unzer Verlag
Redaktion Natur
Stichwort: TierRatgeber
Postfach 86 03 66
D-81630 München

Impressum

Redaktion: Gabriele Linke-Grün, Anita Zellner
Umschlaggestaltung und Layout: Heinz Kraxenberger
Zeichnungen: György Jankovics
Herstellung: Heide Blut/Gabriele Ismaier
Satz: Heide Blut
Reproduktion: Fotolito Longo
Druck und Bindung: Stürtz

ISBN 3-7742-3699-2

Auflage	4.	3.
Jahr	2001	2000

Wichtige Hinweise

In diesem Buch geht es um die Haltung und Pflege von Ratten. Zeigen sich bei Ihrer Ratte Krankheitsanzeichen (→ Seite 55), sollten Sie unbedingt einen Tierarzt zu Rate ziehen. Gehen Sie im Zweifelsfalle selbst zum Arzt, auch wenn Sie von Ihrer Ratte gebissen wurden.
Ratten sind Nagetiere, die beim (notwendigen regelmäßigen) Auslauf in der Wohnung unbedingt beaufsichtigt werden müssen. Um lebensgefährliche Stromunfälle zu verhindern, sorgen Sie vor allem dafür, daß die Ratten keine Stromleitungen benagen können.

EXPERTEN-RAT

Die Expertin gibt Antwort auf die 10 häufigsten Fragen zur Ratten-Haltung.

1 Fühlt sich auch eine einzeln gehaltene Ratte wohl?

2 Vertragen sich Männchen genauso gut wie Weibchen?

3 Kann man Ratten und Mäuse zusammen in einem Käfig halten?

4 Seit wann werden Ratten als Heimtiere gehalten?

5 Wird eine Ratte stubenrein?

6 Sind Ratten teuer?

7 Wie lange dauert es, bis eine Ratte zahm wird?

8 Wieviel Auslauf in der Wohnung brauchen Ratten?

9 Kann man Ratten auch in einem Freigehege halten?

10 Kann man Ratten mit Essensresten füttern?